Ízorgia Spanyolországban
Spanyol Konyha Varázslata

Isabel Rodríguez

TARTALOMJEGYZÉK

POCHAS A LA NAVARRA 23
    ÖSSZETEVŐK 23
    FELDOLGOZÁS 23
    TRÜKK 24

LENCSÉT 25
    ÖSSZETEVŐK 25
    FELDOLGOZÁS 25
    TRÜKK 26

BAB MUSAKA GOMBÁVAL 27
    ÖSSZETEVŐK 27
    FELDOLGOZÁS 27
    TRÜKK 28

VIGIL POTAJE 29
    ÖSSZETEVŐK 29
    FELDOLGOZÁS 29
    TRÜKK 30

POCHAS SZAKKACSOKVAL 31
    ÖSSZETEVŐK 31
    FELDOLGOZÁS 31
    TRÜKK 32

AJOARRIERO COD 34
    ÖSSZETEVŐK 34
    FELDOLGOZÁS 34
    TRÜKK 34

GŐZÖLTÖTT KÜLSŐ JEREZBŐL 35
    ÖSSZETEVŐK 35
    FELDOLGOZÁS 35
    TRÜKK 35
ALL I PEBRE DE REPPE RÁKKEL 36
    ÖSSZETEVŐK 36
    FELDOLGOZÁS 37
    TRÜKK 37
PÖRKÖLT VARRASZKEGE 38
    ÖSSZETEVŐK 38
    FELDOLGOZÁS 38
    TRÜKK 38
MARINERA CLAMS 39
    ÖSSZETEVŐK 39
    FELDOLGOZÁS 39
    TRÜKK 40
TŐKKE PILPILVEL 41
    ÖSSZETEVŐK 41
    FELDOLGOZÁS 41
    TRÜKK 41
SÖRÖTT SZÍLDLÓ 43
    ÖSSZETEVŐK 43
    FELDOLGOZÁS 43
    TRÜKK 43
SZOBOROK TINTÁUKBAN 44
    ÖSSZETEVŐK 44

FELDOLGOZÁS 44

TRÜKK 44

COD CLUB RANERO 46

ÖSSZETEVŐK 46

FELDOLGOZÁS 46

TRÜKK 47

TALP Narancs színben 48

ÖSSZETEVŐK 48

FELDOLGOZÁS 48

TRÜKK 48

HAKE RIOJANA STÍLUS 50

ÖSSZETEVŐK 50

FELDOLGOZÁS 50

TRÜKK 51

TŰHAKE EPER SZÓZTÁSSAL 52

ÖSSZETEVŐK 52

FELDOLGOZÁS 52

TRÜKK 52

PÁCOS PISZTRÁN 54

ÖSSZETEVŐK 54

FELDOLGOZÁS 54

TRÜKK 55

BILBAINE STÍLUSÚ varrás 56

ÖSSZETEVŐK 56

FELDOLGOZÁS 56

TRÜKK 56

SHRIMP SCAMPI 57
    ÖSSZETEVŐK 57
    FELDOLGOZÁS 57
    TRÜKK 57
TŰHKESZÜTŐ 58
    ÖSSZETEVŐK 58
    FELDOLGOZÁS 58
    TRÜKK 58
DOURADO COD 60
    ÖSSZETEVŐK 60
    FELDOLGOZÁS 60
    TRÜKK 60
BASZK STÍLUSÚ RÁK 61
    ÖSSZETEVŐK 61
    FELDOLGOZÁS 61
    TRÜKK 62
SZÍLDLÓ ECETBEN 63
    ÖSSZETEVŐK 63
    FELDOLGOZÁS 63
    TRÜKK 63
TŰHAK MÁRKÁJA 64
    ÖSSZETEVŐK 64
    FELDOLGOZÁS 64
    TRÜKK 64
HUNCH IN MARINADE (BIENMESABE) 65
    ÖSSZETEVŐK 65

FELDOLGOZÁS 65

TRÜKK 66

CITRUS ÉS TONHAL TENGERI 67

    ÖSSZETEVŐK 67

    FELDOLGOZÁS 67

    TRÜKK 68

RÁK ESŐKABÁT 69

    ÖSSZETEVŐK 69

    FELDOLGOZÁS 69

    TRÜKK 69

TONHALFLAN BAZALIKOKKAL 70

    ÖSSZETEVŐK 70

    FELDOLGOZÁS 70

    TRÜKK 70

SOLE A LA MENIER 71

    ÖSSZETEVŐK 71

    FELDOLGOZÁS 71

    TRÜKK 71

LAZACKARAJ CAVAVAL 72

    ÖSSZETEVŐK 72

    FELDOLGOZÁS 72

    TRÜKK 72

TENGERI BÜGÉR BILBAÍNÁBA PIQUILLÓVAL 73

    ÖSSZETEVŐK 73

    FELDOLGOZÁS 73

    TRÜKK 73

KAGYLÓ VINAIGRETTÉBEN 75
    ÖSSZETEVŐK 75
    FELDOLGOZÁS 75
    TRÜKK 75
MARMITAKO 76
    ÖSSZETEVŐK 76
    FELDOLGOZÁS 76
    TRÜKK 76
BASS SÓBAN 78
    ÖSSZETEVŐK 78
    FELDOLGOZÁS 78
    TRÜKK 78
PÁROLT KAGYLÓ 79
    ÖSSZETEVŐK 79
    FELDOLGOZÁS 79
    TRÜKK 79
HAKE GALICIÁN 80
    ÖSSZETEVŐK 80
    FELDOLGOZÁS 80
    TRÜKK 81
KOSKERA STÍLUSÚ HAKE 82
    ÖSSZETEVŐK 82
    FELDOLGOZÁS 82
    TRÜKK 83
NAVAJAS FOKHAGYMÁVAL ÉS CITROLLAL 84
    ÖSSZETEVŐK 84

FELDOLGOZÁS 84

TRÜKK 84

CABRACHO PUDDING 85

ÖSSZETEVŐK 85

FELDOLGOZÁS 85

TRÜKK 86

TUBA PUHA FOKHAGYMAKRÉMVEL 87

ÖSSZETEVŐK 87

FELDOLGOZÁS 87

TRÜKK 87

A HAKE IN CIDER ALMÁVAL VERSENYEZZ A MENTÁVAL 89

ÖSSZETEVŐK 89

FELDOLGOZÁS 89

TRÜKK 90

Pácolt lazac 91

ÖSSZETEVŐK 91

FELDOLGOZÁS 91

TRÜKK 91

PISZTÁNKÉK SAJTOS 92

ÖSSZETEVŐK 92

FELDOLGOZÁS 92

TRÜKK 92

SZÓJÁBAN PÁROZOTT TONHAL TATAKI 94

ÖSSZETEVŐK 94

FELDOLGOZÁS 94

TRÜKK 94

HAKE TORTA 96
    ÖSSZETEVŐK 96
    FELDOLGOZÁS 96
    TRÜKK 97
TŐKHAKKAL TÖLTÖTT PAPRIKA 98
    ÖSSZETEVŐK 98
    FELDOLGOZÁS 98
    TRÜKK 99
RABAS 100
    ÖSSZETEVŐK 100
    FELDOLGOZÁS 100
    TRÜKK 100
PAVIA KATONAI 101
    ÖSSZETEVŐK 101
    FELDOLGOZÁS 101
    TRÜKK 102
RÁKELLÁT 103
    ÖSSZETEVŐK 103
    FELDOLGOZÁS 103
    TRÜKK 103
PISZTRÁG NAVARRÁBA 104
    ÖSSZETEVŐK 104
    FELDOLGOZÁS 104
    TRÜKK 104
LAZACTATÁR AVOKÁDÓVAL 105
    ÖSSZETEVŐK 105

FELDOLGOZÁS 105

TRÜKK 105

Fésűkagyló GALICIAI 107

    ÖSSZETEVŐK 107

    FELDOLGOZÁS 107

    TRÜKK 107

CSIRKE SZÓZÁSBAN, GOMMBÁVAL 109

    ÖSSZETEVŐK 109

    FELDOLGOZÁS 109

    TRÜKK 110

TENGERCSIRKE ALMARADALÁSSAL 111

    ÖSSZETEVŐK 111

    FELDOLGOZÁS 111

    TRÜKK 111

CSIRKE CSIRKE CSIRKE CSIRKE PÁROS 112

    ÖSSZETEVŐK 112

    FELDOLGOZÁS 112

    TRÜKK 113

MADRILEÑA STÍLUSÚ CSIRKESZTEAK 114

    ÖSSZETEVŐK 114

    FELDOLGOZÁS 114

    TRÜKK 114

FRICANDÓ CSIRKE SHIITAKE GOMBÁVAL 114

    ÖSSZETEVŐK 115

    FELDOLGOZÁS 115

    TRÜKK 116

CSIRKE SONKA WHISKYVEL 117
    ÖSSZETEVŐK 117
    FELDOLGOZÁS 117
    TRÜKK 118
SÜLT KACSA 118
    ÖSSZETEVŐK 118
    FELDOLGOZÁS 118
    TRÜKK 119
VILLAROY CSIRKEMELL 120
    ÖSSZETEVŐK 120
    FELDOLGOZÁS 120
    TRÜKK 121
CSIRKEMELL CIROMOS-MUSTÁROS MÁRTÁSSAL 122
    ÖSSZETEVŐK 122
    FELDOLGOZÁS 122
    TRÜKK 123
SÜLT PINTADA SZILVÁVAL ÉS GOMBÁVAL 124
    ÖSSZETEVŐK 124
    FELDOLGOZÁS 124
    TRÜKK 125
VILLAROY CSIRKEMELL MODÉNAECETES KARAMELLIZÁLT PIQUILLÓVAL TÖLTVE 126
    ÖSSZETEVŐK 126
    FELDOLGOZÁS 126
    TRÜKK 127

SZALONNÁVAL, GOMBÁVAL ÉS SAJTOKKAL TÖLTÖTT
CSIRKEMELL 128
- ÖSSZETEVŐK 128
- FELDOLGOZÁS 128
- TRÜKK 129

CSIRKE ÉDES BORBAN SZILVÁVAL 130
- ÖSSZETEVŐK 130
- FELDOLGOZÁS 130
- TRÜKK 131

NARANCS CSIRKEMELL KUDIOSZTAL 132
- ÖSSZETEVŐK 132
- FELDOLGOZÁS 132
- TRÜKK 132

pácolt fogoly 133
- ÖSSZETEVŐK 133
- FELDOLGOZÁS 133
- TRÜKK 133

CACCIATORE CSIRKE 134
- ÖSSZETEVŐK 134
- FELDOLGOZÁS 134
- TRÜKK 135

COCA COLA STÍLUSÚ CSIRKESZÁRNYÁK 136
- ÖSSZETEVŐK 136
- FELDOLGOZÁS 136
- TRÜKK 136

FOKHAGYMAS CSIRKE 137

ÖSSZETEVŐK ... 137

FELDOLGOZÁS ... 137

TRÜKK ... 138

CSIRKE AL CHILINDRÓN ... 139

ÖSSZETEVŐK ... 139

FELDOLGOZÁS ... 139

TRÜKK ... 140

FÜRJ ÉS VÖRÖS GYÜMÖLCSEK PÁNCOLVA ... 141

ÖSSZETEVŐK ... 141

FELDOLGOZÁS ... 141

TRÜKK ... 142

CITROMOS CSIRKE ... 143

ÖSSZETEVŐK ... 143

FELDOLGOZÁS ... 143

TRÜKK ... 144

SAN JACOBO CSIRKE SERRANO SONKÁVAL, CASAR TORTÁVAL ÉS RUGULA ... 145

ÖSSZETEVŐK ... 145

FELDOLGOZÁS ... 145

TRÜKK ... 145

SÜLT CSIRKE CURRY ... 146

ÖSSZETEVŐK ... 146

FELDOLGOZÁS ... 146

TRÜKK ... 146

CSIRKE VÖRÖSBORBAN ... 147

ÖSSZETEVŐK ... 147

FELDOLGOZÁS 147

TRÜKK 148

SÜLT CSIRKE FEKETE SÖRRE 149

    ÖSSZETEVŐK 149

    FELDOLGOZÁS 149

    TRÜKK 150

CSOKOLÁDÉS KÖRNYÉK 151

    ÖSSZETEVŐK 151

    FELDOLGOZÁS 151

    TRÜKK 152

SÜLT PULYKAnegyed VÖRÖS GYÜMÖLCSSZÓZSSZAL 153

    ÖSSZETEVŐK 153

    FELDOLGOZÁS 153

    TRÜKK 154

SÜLT CSIRKE ŐSZABARAKMÁRTÁSSAL 155

    ÖSSZETEVŐK 155

    FELDOLGOZÁS 155

    TRÜKK 156

SPENÓVAL ÉS MOZZARELLÁVAL TÖLTÖTT CSIRKEFILE 157

    ÖSSZETEVŐK 157

    FELDOLGOZÁS 157

    TRÜKK 157

CAVASÜLT CSIRKE 158

    ÖSSZETEVŐK 158

    FELDOLGOZÁS 158

    TRÜKK 158

CSIRKE NYÁRSA MOGYÓSZÓZSSZAL 159
    ÖSSZETEVŐK 159
    FELDOLGOZÁS 159
    TRÜKK 160
CSIRKE PEPITORIABAN 161
    ÖSSZETEVŐK 161
    FELDOLGOZÁS 161
    TRÜKK 162
NARANCS CSIRKE 163
    ÖSSZETEVŐK 163
    FELDOLGOZÁS 163
    TRÜKK 164
PÁROLT CSIRKE BOLTUSAL 165
    ÖSSZETEVŐK 165
    FELDOLGOZÁS 165
    TRÜKK 166
PÁROLT CSIRKE DIÓVAL ÉS SZÓJÁVAL 167
    ÖSSZETEVŐK 167
    FELDOLGOZÁS 167
    TRÜKK 168
CSOKIS CSIRKE PIRITOTT ALMEDÁVAL 169
    ÖSSZETEVŐK 169
    FELDOLGOZÁS 169
    TRÜKK 170
BÁRÁNYNYÁRS PAPRISONAL ÉS MUSTÁROS VINAIGRETTÉVEL 171
    ÖSSZETEVŐK 171

FELDOLGOZÁS	171
TRÜKK	172
PORTÓVAL TÖLTÖTT MARHAHÚS	173
ÖSSZETEVŐK	173
FELDOLGOZÁS	173
TRÜKK	174
MADRILEÑA STÍLUSÚ HÚSGODÁK	175
ÖSSZETEVŐK	175
FELDOLGOZÁS	176
TRÜKK	176
CSOKOLÁDÉS MARHAPOCS	177
ÖSSZETEVŐK	177
FELDOLGOZÁS	177
TRÜKK	178
KUKORDOZOTT DISZNÓTORTA ÉDES BORSZÓZTÁSSAL	179
ÖSSZETEVŐK	179
FELDOLGOZÁS	179
TRÜKK	180
NYÚL MARCAL	181
ÖSSZETEVŐK	181
FELDOLGOZÁS	181
TRÜKK	182
HÚSGODÁK PEPITORIA MOGYORÓSZÓSZBAN	183
ÖSSZETEVŐK	183
FELDOLGOZÁS	184
TRÜKK	184

MARHA SHALOPINES FEKETE SÖRRE 185
    ÖSSZETEVŐK 185
    FELDOLGOZÁS 185
    TRÜKK 186
MADRILEÑA-STYLE TRIPES 187
    ÖSSZETEVŐK 187
    FELDOLGOZÁS 187
    TRÜKK 188
SÜLT SZERTÉS KARAJTA ALMÁVAL ÉS MENTÁVAL 189
    ÖSSZETEVŐK 189
    FELDOLGOZÁS 189
    TRÜKK 190
CSIRKE HÚSGOLYÓK MÁLNASZÓZTÁSSAL 191
    ÖSSZETEVŐK 191
    FELDOLGOZÁS 192
    TRÜKK 192
BÁRÁNYPÖRKÖLT 193
    ÖSSZETEVŐK 193
    FELDOLGOZÁS 193
    TRÜKK 194
HARE CIVET 195
    ÖSSZETEVŐK 195
    FELDOLGOZÁS 195
    TRÜKK 196
NYÚL PIPERRADE-DAL 197
    ÖSSZETEVŐK 197

FELDOLGOZÁS 197

TRÜKK 198

SAJTTAL TÖLTÖTT CSIRKE HÚSGODÁK CURRY SZÓZSSZAL 199

    ÖSSZETEVŐK 199

    FELDOLGOZÁS 200

    TRÜKK 200

SERTÉSPOCS VÖRÖSBORBAN 201

    ÖSSZETEVŐK 201

    FELDOLGOZÁS 201

    TRÜKK 202

COCHIFRITO A LA NAVARRE 203

    ÖSSZETEVŐK 203

    FELDOLGOZÁS 203

    TRÜKK 203

MARHAPÁROLT MOGYÓÓSZTÁSSAL 204

    ÖSSZETEVŐK 204

    FELDOLGOZÁS 204

    TRÜKK 205

SERTÉSSERTÉS 206

    ÖSSZETEVŐK 206

    FELDOLGOZÁS 206

    TRÜKK 206

SÜLT KÁPOSZTOS Knick 207

    ÖSSZETEVŐK 207

    FELDOLGOZÁS 207

    TRÜKK 207

NYÚLI KAKCIÁTOR 208
    ÖSSZETEVŐK 208
    FELDOLGOZÁS 208
    TRÜKK 209
BORJUHÚS ESCALOPE MADRILEÑA STÍLUS 210
    ÖSSZETEVŐK 210
    FELDOLGOZÁS 210
    TRÜKK 210
PÁROLT NYÚL GOMBÁVAL 211
    ÖSSZETEVŐK 211
    FELDOLGOZÁS 211
    TRÜKK 212
IBÉRIAI SERTÉSTARJA FEHÉRBORRAL ÉS MÉZES 213
    ÖSSZETEVŐK 213
    FELDOLGOZÁS 213
    TRÜKK 214
MERINGÁLT TEJ 215
    ÖSSZETEVŐK 215
    FELDOLGOZÁS 215
    TRÜKK 215
MACSKANYELVEK 216
    ÖSSZETEVŐK 216
    FELDOLGOZÁS 216
    TRÜKK 216
NARANCS CUPCAKÁK 217
    ÖSSZETEVŐK 217

FELDOLGOZÁS 217

TRÜKK 217

SÜLT ALMA PORTÓVAL 218

    ÖSSZETEVŐK 218

    FELDOLGOZÁS 218

    TRÜKK 218

FŐTT HABÁCS 219

    ÖSSZETEVŐK 219

    FELDOLGOZÁS 219

    TRÜKK 219

TEJSODÓ 220

    ÖSSZETEVŐK 220

    FELDOLGOZÁS 220

    TRÜKK 220

VIOLET CANDY PANNA COTTA 220

    ÖSSZETEVŐK 221

    FELDOLGOZÁS 221

    TRÜKK 221

CITRUS SÜTI 222

    ÖSSZETEVŐK 222

    FELDOLGOZÁS 222

POCHAS A LA NAVARRA

ÖSSZETEVŐK

400 g bab

1 evőkanál paprika

5 gerezd fokhagyma

1 zöld olasz paprika

1 piros paprika

1 póréhagyma tiszta

1 sárgarépa

1 hagyma

1 nagy paradicsom

Olivaolaj

Só

FELDOLGOZÁS

A babot jól megtisztítjuk. Egy lábosban felöntjük vízzel a paprikával, hagymával, póréhagymával, paradicsommal és sárgarépával együtt. Körülbelül 35 percig főzzük.

A zöldségeket kiszedjük és pépesítjük. Ezután adjuk vissza őket a pörkölthöz.

A fokhagymát apróra vágjuk, és kevés olajon megpirítjuk. A tűzről levéve hozzáadjuk a paprikát. 5-ször megpirítjuk, és a babhoz adjuk. Állítsa be a sót.

TRÜKK

Mivel friss hüvelyesekről van szó, a főzési idő sokkal rövidebb.

LENCSÉT

ÖSSZETEVŐK

500 g lencse

1 evőkanál paprika

1 nagy sárgarépa

1 közepes hagyma

1 nagy paprika

2 gerezd fokhagyma

1 nagy burgonya

1 sonka tipp

1 chorizo

1 fekete puding

Szalonna

1 babérlevél

Só

FELDOLGOZÁS

A finomra vágott zöldségeket enyhén puhára pároljuk. Beleöntjük a paprikát, és felöntjük 1 ½ l vízzel (helyettesíthetjük zöldséglével vagy akár húslével is). Hozzáadjuk a lencsét, a húst, a sonkavéget és a babérlevelet.

Távolítsa el és tartsa le a chorizót és a véres kolbászt, amikor már puha, hogy ne törjön el. A lencsét addig főzzük, amíg el nem készül.

Adjuk hozzá a kockára vágott burgonyát, és főzzük még 5 percig. Tegyünk egy csipet sót.

TRÜKK

Hogy más ízt adjon, adjon hozzá 1 fahéjrudat a lencséhez főzés közben.

BAB MUSAKA GOMBÁVAL

ÖSSZETEVŐK

250 g főtt vörösbab

500 g házi paradicsomszósz

200 g gomba

100 g reszelt sajt

½ pohár vörösbor

2 padlizsán

2 gerezd fokhagyma

1 nagy hagyma

½ zöldpaprika

½ sárga paprika

¼ pirospaprika

1 babérlevél

Tej

Oregano

Olivaolaj

Só, bors

FELDOLGOZÁS

A padlizsánokat szeletekre vágjuk, és sós tejbe tesszük, hogy elveszítsék keserűségét.

A hagymát, a fokhagymát és a paprikát külön-külön felaprítjuk, és serpenyőben megpirítjuk. Adjuk hozzá a gombát, és pirítsuk tovább. Felöntjük a borral, és nagy lángon lehűtjük. Adjuk hozzá a paradicsomszószt, az oregánót és a babérlevelet. 15 percig főzzük. Vedd le a tűzről és add hozzá a babot. Évad.

Közben a padlizsánszeleteket jól leszűrjük, leszárítjuk, majd kevés olajon mindkét oldalukat megsütjük.

A babot és a padlizsánt egy tepsibe rakjuk, amíg a hozzávalók el nem fogynak. Fejezze be egy réteg padlizsánnal. Megszórjuk reszelt sajttal és gratinnel.

TRÜKK

Ez a recept remek a lencsével vagy bármely más készítményből visszamaradt hüvelyessel.

VIGIL POTAJE

ÖSSZETEVŐK

1 kg csicseriborsó

1 kg tőkehal

500 g spenót

50 g mandula

3 l füstölő

2 evőkanál paradicsomszósz

1 evőkanál paprika

3 szelet sült kenyér

2 gerezd fokhagyma

1 zöldpaprika

1 hagyma

1 babérlevél

Olivaolaj

Só

FELDOLGOZÁS

Hagyja ázni a csicseriborsót 24 órán keresztül.

Az apró kockákra vágott hagymát, fokhagymát és borsot egy lábosban közepes lángon megdinszteljük. Hozzáadjuk a paprikát, a babérlevelet, a paradicsomszószt és bevonjuk a halalaplével. Amikor forrni kezd, hozzáadjuk a csicseriborsót. Amikor már majdnem megpuhultak, hozzáadjuk a tőkehalat és a spenótot.

Közben a mandulát pépesítjük a sült kenyérrel. Keverjük össze és adjuk a pörkölthöz. Főzzük még 5 percig, és állítsuk be a sót.

TRÜKK

A csicseriborsót forrásban lévő vízzel kell az edénybe tenni, különben kemény lesz, és nagyon könnyen elveszíti a héját.

POCHAS SZAKKACSOKVAL

ÖSSZETEVŐK

400 g bab

500 g szívkagyló

½ pohár fehérbor

4 gerezd fokhagyma

1 kis zöldpaprika

1 kis paradicsom

1 hagyma

1 póréhagyma

1 cayenne

Apróra vágott friss petrezselyem

Olivaolaj

FELDOLGOZÁS

Tedd egy lábasba a babot, a paprikát, fél hagymát, a tiszta póréhagymát, 1 gerezd fokhagymát és a paradicsomot. Felöntjük hideg vízzel, és körülbelül 35 percig főzzük, amíg a hüvelyesek megpuhulnak.

Külön megdinszteljük a másik felét a hagymát, a cayenne-t és a maradék fokhagymát, nagyon apróra vágva, nagy lángon. Adjuk hozzá a kagylót, és öntsük fel a borral.

Adjuk hozzá a kagylókat a szósszal a babhoz, adjuk hozzá a petrezselymet és főzzük még 2 percig. Állítsa be a sót.

TRÜKK

Merítse a kagylókat hideg, sós vízbe 2 órára, hogy fellazítsa az esetleges talajt.

AJOARRIERO COD

ÖSSZETEVŐK

400 g morzsolt, sózott tőkehal

2 evőkanál hidratált chorizo bors

2 evőkanál paradicsomszósz

1 zöldpaprika

1 piros paprika

1 gerezd fokhagyma

1 hagyma

1 chili

Olivaolaj

Só

FELDOLGOZÁS

A zöldségeket julienne csíkokra vágjuk, és közepes-alacsony lángon nagyon puhára pároljuk. Sóhoz.

Adjuk hozzá az evőkanál chorizo borsot, a paradicsomszószt és a chilit. Adjuk hozzá a morzsolt tőkehalat és főzzük 2 percig.

TRÜKK

Tökéletes töltelék egy finom empanada elkészítéséhez.

GŐZÖLTÖTT KÜLSŐ JEREZBŐL

ÖSSZETEVŐK

750 g szívkagyló

600 ml sherry bor

1 babérlevél

1 gerezd fokhagyma

1 citrom

2 evőkanál olívaolaj

Só

FELDOLGOZÁS

Öblítse ki a szívkagylókat.

Adjunk hozzá 2 evőkanál olajat egy forró serpenyőbe, és enyhén pirítsuk meg a darált fokhagymát.

Hirtelen hozzáadjuk a kagylókat, a bort, a babérlevelet, a citromot és a sót. Fedjük le és addig főzzük, amíg ki nem nyílnak.

Tálaljuk a kagylókat a szósszal.

TRÜKK

Az öblítés azt jelenti, hogy a kagylókat hideg vízbe merítik, sok sóval, hogy eltávolítsák a homokot és a szennyeződéseket.

ALL I PEBRE DE REPPE RÁKKEL

ÖSSZETEVŐK

A halpörkölthöz

15 garnéla fej és test

1 fej vagy 2 farokcsont ördöghal vagy fehér hal

Ketchup

1 metélőhagyma

1 póréhagyma

Só

A pörkölthöz

1 nagy ördögfark (vagy 2 kicsi)

Garnélarák testek

1 evőkanál édes paprika

8 gerezd fokhagyma

4 nagy burgonya

3 szelet kenyér

1 cayenne

Hámozatlan mandula

Olivaolaj

Só, bors

FELDOLGOZÁS

A halpörkölthöz

A garnélatestek és a paradicsomszósz megpárolásával hallevest készítünk. Hozzáadjuk az ördöghal csontját vagy fejét és a julienne-re vágott zöldségeket. Felöntjük vízzel és 20 percig főzzük, leszűrjük és sózzuk.

A pörkölthöz

A fel nem vágott fokhagymát egy serpenyőben megpirítjuk. Távolítsa el és foglalja le. A mandulát ugyanabban az olajban megpirítjuk. Távolítsa el és foglalja le.

Ugyanabban az olajban süsd meg a kenyeret. Visszavonás.

Egy mozsárban pépesítsd a fokhagymát, egy marék egész, hámozatlan mandulát, a kenyérszeleteket és a cayenne-t.

A fokhagymás olajon enyhén megdinszteljük a paprikát, vigyázva, hogy meg ne égjen, és a füstölőhöz adjuk.

Adjuk hozzá a cachelada burgonyát, és főzzük puhára. Adjuk hozzá a sózott és borsozott ördöghalat, és főzzük 3 percig. Adjuk hozzá a pépet és a garnélarákot, és főzzük további 2 percig, amíg a szósz besűrűsödik. Sóval ízesítjük és forrón tálaljuk.

TRÜKK

Csak a burgonya lefedéséhez szükséges gőzt használja. A recepthez leggyakrabban használt hal az angolna, de bármilyen húsos hallal is elkészíthető, például kutyahalból vagy congerből.

PÖRKÖLT VARRASZKEGE

ÖSSZETEVŐK

1 tiszta, kibelezett és pikkelyes tengeri keszeg

25 g zsemlemorzsa

2 gerezd fokhagyma

1 chili

Ecet

Olivaolaj

Só

FELDOLGOZÁS

Sózzuk és olajozzuk a tengeri keszeget kívül-belül. A tetejére szórjuk a zsemlemorzsát, és 180 fokon 25 percig sütjük.

Közben közepes lángon megdinszteljük a felszeletelt fokhagymát és a chilit. Leöntjük a tűzről egy csepp ecetet, és ezzel a szósszal ízesítjük a keszeget.

TRÜKK

A vésés a hal szélességében bemetszéseket jelent, hogy gyorsabban megsüljön.

MARINERA CLAMS

ÖSSZETEVŐK

1 kg kagyló

1 kis pohár fehérbor

1 evőkanál liszt

2 gerezd fokhagyma

1 kis paradicsom

1 hagyma

½ chili

Színező vagy sáfrány (opcionális)

Olivaolaj

Só

FELDOLGOZÁS

Áztassa a kagylókat néhány órára hideg vízbe, sok sóval, hogy eltávolítsa a talajnyomokat.

Miután megtisztítottuk, főzzük meg a kagylót a borban és ¼ l vízben. Amint kinyitják, távolítsa el és tartsa le a folyadékot.

A hagymát, a fokhagymát és a paradicsomot apróra vágjuk, kevés olajon megpirítjuk. Hozzáadjuk a chilit, és addig főzzük, amíg minden jól megpuhul.

Adjunk hozzá egy evőkanál lisztet, és főzzük még 2 percig. Fürdjük le a kagylók főzéséből származó vízzel. Főzzük 10 percig, és állítsuk be a sót. Adjuk hozzá a kagylót, és főzzük még egy percig. Most adjuk hozzá a színezéket vagy a sáfrányt.

TRÜKK

A fehérbort helyettesítheti édes borral. A szósz nagyon jó.

TŐKKE PILPILVEL

ÖSSZETEVŐK

4 vagy 5 karaj sótlan tőkehal

4 gerezd fokhagyma

1 chili

½ l olívaolaj

FELDOLGOZÁS

Olívaolajon lassú tűzön megpirítjuk a fokhagymát és a chilit. Távolítsa el őket, és hagyja, hogy az olaj kissé lehűljön.

Hozzáadjuk a tőkehalkarajt bőrös felével felfelé, és lassú tűzön 1 percig főzzük. Fordítsa meg és hagyja még 3 percig. Fontos, hogy az olajban főzzük, ne sütjük.

Távolítsa el a tőkehalat, fokozatosan öntse le az olajat, amíg csak a tőkehal által kibocsátott fehér anyag (zselatin) marad.

A tűzről levéve szűrő segítségével habverővel vagy körkörös mozdulatokkal felverjük, fokozatosan beledolgozva a dekantált olajat. Folyamatos keverés mellett 10 percig habosítjuk a pilpilt.

Ha kész, tegyük vissza a tőkehalat, és keverjük még egy percig.

TRÜKK

Ahhoz, hogy más tapintást adjon neki, tegyünk egy sonkacsontot vagy néhány aromás fűszernövényt az olajba, ahol a tőkehalat sütjük.

SÖRÖTT SZÍLDLÓ

ÖSSZETEVŐK

Tisztítsa meg a szardella csont nélkül

1 doboz nagyon hideg sör

Liszt

Olivaolaj

Só

FELDOLGOZÁS

Tegye a sört egy tálba, és folytonos habverővel keverje hozzá a lisztet, amíg sűrű állagot nem kap, amely alig csöpög a szardella áztatása közben.

A végén bő olajban és sóban kisütjük.

TRÜKK

Bármilyen típusú sör használható. A feketével látványosan kijön.

SZOBOROK TINTÁUKBAN

ÖSSZETEVŐK

1 ½ kg tintahal

1 pohár fehérbor

3 evőkanál paradicsomszósz

4 tasak tintahal tinta

2 hagyma

1 piros paprika

1 zöldpaprika

1 babérlevél

Olivaolaj

Só, bors

FELDOLGOZÁS

A finomra vágott hagymát és paprikát lassú tűzön megdinszteljük. Ha megsültek, hozzáadjuk a megtisztított és apróra vágott tintahalat. Növeljük a lángot, és sóval, borssal ízesítjük.

Nedvesítsd meg fehérborral, és hagyd lehűlni. Hozzáadjuk a paradicsomszószt, a tintahal tintaborítékokat és a babérlevelet. Lefedve lassú tűzön addig főzzük, amíg a tintahal megpuhul.

TRÜKK

Tálalhatjuk egy jó tésztával vagy akár egy kis krumplival is.

COD CLUB RANERO

ÖSSZETEVŐK

Tőkehal pilpillával

10 érett szőlő paradicsom

4 chorizo paprika

2 zöldpaprika

2 piros paprika

2 hagyma

Cukor

Só

FELDOLGOZÁS

A paradicsomot és a paprikát 180 fokon puhára sütjük.

Ha megsült a paprika, 30 percig letakarjuk, eltávolítjuk a bőrt és csíkokra vágjuk.

A paradicsomot meghámozzuk és apróra vágjuk. A vékony csíkokra vágott hagymával és a (korábban forró vízben 30 percig hidratált) chorizo paprika pépesével együtt megdinszteljük.

Hozzáadjuk a csíkokra vágott pirított paprikát, és 5 percig főzzük. Állítsa be a sót és a cukrot.

Melegítsük fel a pillét a tőkehal és a paprikával együtt.

TRÜKK

Kombinálhatod a paprikával a pilpillát, vagy teheted ezt alapnak, a tetejére a tőkehalat, a pilpillával pedig szószt. Jó ratatouille-val is elkészíthető.

TALP Narancs színben

ÖSSZETEVŐK

4 talp

110 g vaj

110 ml füstölő

1 evőkanál apróra vágott friss petrezselyem

1 teáskanál paprika

2 nagy narancs

1 kis citrom

Liszt

Só, bors

FELDOLGOZÁS

A vajat egy serpenyőben felolvasztjuk. Lisztezzük és fűszerezzük a talpat. Süssük meg vajban mindkét oldalukat. Hozzáadjuk a paprikát, a narancs- és citromlevet és a füstölőt.

2 percig főzzük közepes lángon, amíg a szósz kissé besűrűsödik. Díszítsük petrezselyemmel és azonnal tálaljuk.

TRÜKK

Ahhoz, hogy több gyümölcslevet nyerjen a citrusfélékből, melegítse őket a mikrohullámú sütőben 10 másodpercig maximális teljesítményen.

HAKE RIOJANA STÍLUS

ÖSSZETEVŐK

4 szürke tőkehal karaj

100 ml fehérbor

2 paradicsom

1 piros paprika

1 zöldpaprika

1 gerezd fokhagyma

1 hagyma

Cukor

Olivaolaj

Só, bors

FELDOLGOZÁS

A hagymát, a paprikát és a fokhagymát apróra vágjuk. Mindent serpenyőben, közepes lángon 20 percig pirítunk. Növeljük a hőt, adjuk hozzá a bort, és hagyjuk száradni.

Hozzáadjuk a reszelt paradicsomot, és addig főzzük, amíg az összes vizet el nem veszti. Sózzuk, borsozzuk és cukrozzuk, ha savas.

A karajokat rácson sütjük, amíg kívül aranybarna, belül lédús lesz. Zöldségekkel tálaljuk.

TRÜKK

Sózzuk meg a szürke tőkehalat 15 perccel a főzés előtt, hogy a só egyenletesebben oszlik el.

TŰHAKE EPER SZÓZTÁSSAL

ÖSSZETEVŐK

4 karaj sótlan tőkehal

400 g barna cukor

200 g eper

2 gerezd fokhagyma

1 narancs

Liszt

Olivaolaj

FELDOLGOZÁS

Törjük össze az epret a narancslével és a cukorral. Főzzük 10 percig, és keverjük össze.

A fokhagymát felszeleteljük, és egy serpenyőben kevés olajon megpirítjuk. Távolítsa el és foglalja le. Ugyanebben az olajban megpirítjuk a lisztezett tőkehalat.

A tőkehalat a szósszal külön tálban tálaljuk, és a tetejére helyezzük a fokhagymát.

TRÜKK

Az epret keserűnarancslekvárral helyettesíthetjük. Ezután már csak 100 g barna cukrot kell felhasználnia.

PÁCOS PISZTRÁN

ÖSSZETEVŐK

4 pisztráng

½ l fehérbor

¼ l ecet

1 kis hagyma

1 nagy sárgarépa

2 gerezd fokhagyma

4 szegfűszeg

2 babérlevél

1 szál kakukkfű

Liszt

¼ l olívaolaj

Só

FELDOLGOZÁS

Sózzuk és lisztezzük a pisztrángot. Mindkét oldalát 2 percig sütjük az olajban (belül nyersnek kell lennie). Távolítsa el és foglalja le.

Ugyanebben a zsiradékban 10 percig pároljuk a zsiradékba sült zöldségeket.

Fürdjük ecettel és borral. Ízesítsük egy csipet sóval, fűszernövényekkel és fűszerekkel. Lassú tűzön főzzük további 10 percig.

Adjuk hozzá a pisztrángot, fedjük le és főzzük még 5 percig. Pihentessük a tűzről, és hidegen tálaljuk.

TRÜKK

Ezt a receptet a legjobb egy éjszakán át fogyasztani. A pihentetés több ízt ad neki. Használja ki a maradékot egy finom ecetes pisztráng saláta elkészítéséhez.

BILBAINE STÍLUSÚ varrás

ÖSSZETEVŐK

1 2 kg tengeri keszeg

½ l fehérbor

2 evőkanál ecet

6 gerezd fokhagyma

1 chili

2 dl olívaolaj

Só

FELDOLGOZÁS

A tengeri keszeget vésd ki, sózd meg, adj hozzá egy kevés olajat és süsd 200°C-on 20-25 percig. Fokozatosan fürödjön a borral.

Közben 2 dl olajon megpirítjuk a felszeletelt fokhagymát a chilivel együtt. Nedvesítse meg ecettel és mártással a tengeri keszeget.

TRÜKK

A vésés azt jelenti, hogy bemetszéseket készítünk a halon a főzés megkönnyítése érdekében.

SHRIMP SCAMPI

ÖSSZETEVŐK

250 g garnélarák

3 gerezd fokhagyma, szeletelve

1 citrom

1 chili

10 evőkanál olívaolaj

Só

FELDOLGOZÁS

Tedd egy tálba a meghámozott garnélarákot, bőségesen sózd meg és add hozzá a citromlevet. Távolítsa el.

A felszeletelt fokhagymát és a chilit egy serpenyőben megpirítjuk. Mielőtt elszíneződnének, adjuk hozzá a garnélarákot, és pirítsuk 1 percig.

TRÜKK

Az ízesebb íz érdekében sütés előtt pácolja a garnélarákot sóval és citrommal 15 percig.

TŰHKESZÜTŐ

ÖSSZETEVŐK

100 g sótlan tőkehal morzsában

100 g metélőhagyma

1 evőkanál friss petrezselyem

1 üveg hideg sör

Színező

Liszt

Olivaolaj

Só, bors

FELDOLGOZÁS

Tegyük egy tálba a tőkehalat, a finomra vágott metélőhagymát és petrezselymet, a sört, egy csipetnyi színezéket, sózzuk, borsozzuk.

Keverjük össze és adjunk hozzá egy-egy evőkanál lisztet, folyamatos keverés mellett, amíg egy enyhén sűrű (nem csöpögő) kása állagú tésztát kapunk. 20 percig hidegen pihentetjük.

Bő olajban kisütjük, hozzáadjuk a kanálnyi tésztát. Amikor aranybarnák, vegyük ki és helyezzük nedvszívó papírra.

TRÜKK

Ha nincs sör, akkor szódával is készíthető.

DOURADO COD

ÖSSZETEVŐK

400 g sótlan és morzsolt tőkehal

6 tojás

4 közepes burgonya

1 hagyma

Friss petrezselyem

Olivaolaj

Só

FELDOLGOZÁS

A burgonyát meghámozzuk és csíkokra vágjuk. Mossa meg alaposan, amíg a víz el nem tud tiszta lenni, majd bő, forró olajban süsse meg őket. Ízesítsük sóval.

A julienne csíkokra vágott hagymát megdinszteljük. Növeljük a hőt, adjuk hozzá a morzsolt tőkehalat, és főzzük, amíg a folyadék el nem fogy.

Egy külön tálban felverjük a tojásokat, hozzáadjuk a tőkehalat, a burgonyát és a hagymát. Serpenyőben nagyon enyhén alvasztott. Sóval ízesítjük, és frissen vágott petrezselyemmel ízesítjük.

TRÜKK

Enyhén túrósnak kell lennie, hogy lédús legyen. A burgonyát nem sózzuk a végéig, hogy ne veszítse el ropogósságát.

BASZK STÍLUSÚ RÁK

ÖSSZETEVŐK

1 rák

500 g paradicsom

75 g serrano sonka

50 g friss morzsa (vagy zsemlemorzsa)

25 g vaj

1½ pohár brandy

1 evőkanál petrezselyem

1/8 hagyma

½ gerezd fokhagyma

Só, bors

FELDOLGOZÁS

Főzzük meg a rákot (100 g-onként 1 perc) 2 l vízben 140 g sóval. Hűtsük le és vegyük ki a húst.

A darabokra vágott hagymát és fokhagymát a finom julienne csíkokra vágott sonkával együtt megdinszteljük. Hozzáadjuk a reszelt paradicsomot és az apróra vágott petrezselymet, és addig főzzük, amíg száraz tésztát nem kapunk.

Hozzáadjuk a rákhúst, megnedvesítjük a pálinkával és flambírozzuk. Hozzáadjuk a tűzről levett morzsa felét, és megtöltjük a rákot.

A tetejére szórjuk a maradék morzsát, és megkenjük a darabokra vágott vajat. Sütőben aranybarnára gratináljuk a tetejét.

TRÜKK

Jó ibériai chorizóval is elkészíthető, sőt füstölt sajttal is tölthető.

SZÍLDLÓ ECETBEN

ÖSSZETEVŐK

12 szardella

300 cl borecet

1 gerezd fokhagyma

Vágott petrezselyem

Extra szűz olívaolaj

1 teáskanál só

FELDOLGOZÁS

Egy sima tányérra tedd a tiszta szardellat a vízzel és sóval hígított ecettel együtt. 5 órára hűtőbe tesszük.

Közben az apróra vágott fokhagymát és petrezselymet olajon pácoljuk.

Vegyük ki a szardellat az ecetből, és kenjük be az olajjal és a fokhagymával. Tedd vissza a hűtőbe további 2 órára.

TRÜKK

Mossa meg a szardellat többször, amíg a víz tiszta nem lesz.

TŰHAK MÁRKÁJA

ÖSSZETEVŐK

¾ kg sótlan tőkehal

1 dl tej

2 gerezd fokhagyma

3 dl olívaolaj

Só

FELDOLGOZÁS

Az olajat a fokhagymával egy kis lábasban közepes lángon 5 percig hevítjük. Adjuk hozzá a tőkehalat, és nagyon alacsony lángon főzzük további 5 percig.

A tejet felforrósítjuk, és egy turmixpohárba tesszük. Adjuk hozzá a bőr nélküli tőkehalat és a fokhagymát. Addig verjük, amíg finom tésztát nem kapunk.

Addig adjuk hozzá az olajat, miközben folyamatosan verjük, amíg egynemű tésztát nem kapunk. Állítsa be a sót és grillezzen a sütőben maximális teljesítményen.

TRÜKK

Pirított kenyérre ehetjük, és egy kis aiolival megkenjük.

HUNCH IN MARINADE (BIENMESABE)

ÖSSZETEVŐK

500 g kutyahal

1 pohár ecet

1 szint evőkanál őrölt kömény

1 szint evőkanál édes paprika

1 szint evőkanál oregánó

4 babérlevél

5 gerezd fokhagyma

Liszt

Olivaolaj

Só

FELDOLGOZÁS

Az előzőleg kis kockákra vágott és megtisztított kutyahalat tedd egy mély edénybe.

Adjunk hozzá egy jó marék sót és egy teáskanál paprikát, köményt és oregánót.

Törjük össze a fokhagymát a héjával és adjuk hozzá a tartályhoz. Törjük le a babérleveleket, és adjuk hozzá őket is. Végül adjunk hozzá egy pohár ecetet és még egy pohár vizet. Hagyja pihenni egy éjszakán át.

A kutyahal darabokat megszárítjuk, liszttel megszórjuk és megsütjük.

TRÜKK

Ha a kömény frissen őrölt, csak ¼ evőkanálnyit adjunk hozzá. Más halakkal, például ördöghallal vagy ördöghallal is elkészíthető.

CITRUS ÉS TONHAL TENGERI

ÖSSZETEVŐK

800 g tonhal (vagy friss bonito)

70 ml ecet

140 ml bor

1 sárgarépa

1 póréhagyma

1 gerezd fokhagyma

1 narancs

½ citrom

1 babérlevél

70 ml olaj

Só és bors

FELDOLGOZÁS

A sárgarépát, a póréhagymát és a fokhagymát karikákra vágjuk, kevés olajon megdinszteljük. Amikor a zöldségek megpuhultak, nedvesítsük meg őket ecettel és borral.

Adjuk hozzá a babérlevelet és a borsot. Adja hozzá a sót, és főzze további 10 percig. Hozzáadjuk a héját és a citruslevet, valamint a 4 részre vágott tonhalat. Főzzük még 2 percig, majd lefedve, a tűzről levéve pihentetjük.

TRÜKK

Ugyanezeket a lépéseket követve készítsen finom csirkehús-escabeche-t. A csirkét csak barnára kell pirítani, mielőtt a pácba tesszük, és további 15 percig főzzük.

RÁK ESŐKABÁT

ÖSSZETEVŐK

500 g garnélarák

100 g liszt

½ dl hideg sör

Színező

Olivaolaj

Só

FELDOLGOZÁS

Hámozza meg a garnélarákot anélkül, hogy eltávolítaná a farok végét.

Egy tálban összekeverjük a lisztet, a csipetnyi ételfestéket és a sót. Apránként adjuk hozzá a sör verésének megállása nélkül.

Fogjuk meg a garnélarákokat a farkánál, passzírozzuk át az előző tésztán, és bő olajban kisütjük. Vegye ki, amikor aranysárga, és tegye nedvszívó papírra.

TRÜKK

A liszthez tehetünk 1 teáskanál curryt vagy paprikát.

TONHALFLAN BAZALIKOKKAL

ÖSSZETEVŐK

125 g olajos tonhalkonzerv

½ l tej

4 tojás

1 szelet kenyér

1 evőkanál reszelt parmezán

4 friss bazsalikom levél

Liszt

Olivaolaj

Só, bors

FELDOLGOZÁS

Keverjük össze a tonhalat a tejjel, a tojással, a szeletelt kenyérrel, a parmezánnal és a bazsalikommal. Sózzuk és borsozzuk.

A tésztát előzőleg kivajazott és lisztezett formákba öntjük, és 170 fokos vízfürdőben 30 percig sütjük.

TRÜKK

Ezt a receptet konzerv kagylóval vagy szardíniával is elkészítheti.

SOLE A LA MENIER

ÖSSZETEVŐK

6 talp

250 g vaj

50 g citromlé

2 evőkanál finomra vágott petrezselyem

Liszt

Só, bors

FELDOLGOZÁS

Fűszerezzük és lisztezzük a talpat, megtisztítjuk a fejtől és a bőrtől. Az olvasztott vajban mindkét oldalukat közepes lángon megsütjük, vigyázva, hogy ne égjen meg a liszt.

Vegyük ki a halat, és adjuk hozzá a citromlevet és a petrezselymet a serpenyőbe. 3 percig főzzük keverés abbahagyása nélkül. Tányérra tálaljuk a halat a szósszal együtt.

TRÜKK

Adjon hozzá néhány kapribogyót, hogy ízletessé tegye a receptet.

LAZACKARAJ CAVAVAL

ÖSSZETEVŐK

2 lazac karaj

½ l cava

100 ml tejszín

1 sárgarépa

1 póréhagyma

Olivaolaj

Só, bors

FELDOLGOZÁS

Fűszerezzük és pirítsuk meg a lazacot mindkét oldalán. Lefoglal.

A sárgarépát és a póréhagymát vékony, hosszúkás rudakká vágjuk. Pároljuk a zöldségeket 2 percig ugyanabban az olajban, amelyben a lazac sült. Nedvesítse meg a cavával, és hagyja a felére csökkenteni.

Hozzáadjuk a tejszínt, 5 percig főzzük, majd hozzáadjuk a lazacot. Pároljuk még 3 percig, majd sózzuk, borsozzuk.

TRÜKK

A lazacot 12 percig párolhatod, és ezzel a mártással kísérheted.

TENGERI BÜGÉR BILBAÍNÁBA PIQUILLÓVAL

ÖSSZETEVŐK

4 tengeri sügér

1 evőkanál ecet

4 gerezd fokhagyma

Piquillo paprika

125 ml olívaolaj

Só, bors

FELDOLGOZÁS

Távolítsa el az ágyékot a basszusról. Sóval, borssal ízesítjük, és serpenyőben erős lángon kívül aranybarnára, belül szaftosra sütjük. Vegye ki és foglalja le.

A fokhagymát felszeleteljük, és ugyanabban az olajban, mint a halat, enyhén megpirítjuk. Nedvesítse meg ecettel.

Ugyanabban a serpenyőben pirítsuk meg a paprikát.

A tengeri sügér karajokat a szósszal a tetejére tálaljuk, és a paprikával tálaljuk.

TRÜKK

A Bilbao szósz előre elkészíthető; Ezután már csak fel kell melegíteni és tálalni.

KAGYLÓ VINAIGRETTÉBEN

ÖSSZETEVŐK

1 kg kagyló

1 kis pohár fehérbor

2 evőkanál ecet

1 kis zöldpaprika

1 nagy paradicsom

1 kis hagyma

1 babérlevél

6 evőkanál olívaolaj

Só

FELDOLGOZÁS

Tisztítsa meg alaposan a kagylókat egy új súrolólappal.

Tegye a kagylókat egy edénybe a borral és a babérlevéllel. Fedjük le és nagy lángon főzzük, amíg ki nem nyílnak. Foglalja le és dobja el az egyik héjat.

Készítsen vinaigrettet a paradicsom, az újhagyma és a bors finomra vágásával. Ízesítjük ecettel, olajjal és sóval. Keverjük össze és szórjuk rá a kagylót.

TRÜKK

Egy éjszakán át pihentetjük, hogy az ízek fokozódjanak.

MARMITAKO

ÖSSZETEVŐK

300 g tonhal (vagy bonito)

1 l halalaplé

1 evőkanál chorizo paprika

3 nagy burgonya

1 nagy piros paprika

1 nagy zöldpaprika

1 hagyma

Olivaolaj

Só, bors

FELDOLGOZÁS

A kockákra vágott hagymát és paprikát megdinszteljük. Adjunk hozzá egy evőkanál chorizo borsot és a meghámozott és apróra vágott burgonyát. 5 percig keverjük.

Megnedvesítjük a halalaplével, és amikor elkezd főni, sózzuk, borsozzuk. Lassú tűzön főzzük, amíg a burgonya meg nem fő.

Lekapcsoljuk a tüzet, majd hozzáadjuk a kockákra vágott, sóval, borssal ízesített tonhalat. Tálalás előtt 10 percig pihentetjük.

TRÜKK

A tonhalat lazaccal helyettesítheted. Az eredmény meglepő.

BASS SÓBAN

ÖSSZETEVŐK

1 tengeri sügér

600 g durva só

FELDOLGOZÁS

Kibelezzük és megtisztítjuk a halat. Helyezzen egy sóágyat egy tányérra, helyezze rá a tengeri sügért, és fedje be a többi sóval.

220 fokon addig sütjük, amíg a só megkeményedik és meg nem törik. 100 g halonként körülbelül 7 perc.

TRÜKK

A halat sóban főzni nem szabad pikkelyesre, mert a pikkely védi a húst a magas hőmérséklettől. A sót ízesíthetjük fűszernövényekkel, vagy hozzáadhatunk tojásfehérjét.

PÁROLT KAGYLÓ

ÖSSZETEVŐK

1 kg kagyló

1 dl fehérbor

1 babérlevél

FELDOLGOZÁS

Tisztítsa meg alaposan a kagylókat egy új súrolólappal.

Öntsük a kagylót, a bort és a babérlevelet egy forró serpenyőbe. Fedjük le és nagy lángon főzzük, amíg ki nem nyílnak. Dobja el azokat, amelyeket nem nyitottak ki.

TRÜKK

Belgiumban ez egy nagyon népszerű étel, és néhány jó sült krumpli kíséri.

HAKE GALICIÁN

ÖSSZETEVŐK

4 szelet szürke tőkehal

600 g burgonya

1 teáskanál paprika

3 gerezd fokhagyma

1 közepes hagyma

1 babérlevél

6 evőkanál szűz olívaolaj

Só, bors

FELDOLGOZÁS

Melegítsen vizet egy serpenyőben; Hozzáadjuk a felszeletelt burgonyát, a megpirított hagymát, a sót és a babérlevelet. 15 percig főzzük alacsony lángon, amíg minden megpuhul.

Hozzáadjuk a sózott és borsozott hekkszeleteket, és további 3 percig főzzük. A burgonyát és a szürke tőkehalat lecsepegtetjük, és mindent áthelyezünk egy agyagedénybe.

A szeletelt vagy apróra vágott fokhagymát serpenyőben megpirítjuk; Amikor aranybarnák, levesszük a tűzről. Adjuk hozzá a paprikát, keverjük össze és öntsük a mártással a halra. Gyorsan tálaljuk kevés főzővízzel együtt.

TRÜKK

Fontos, hogy a víz mennyisége csak annyi legyen, hogy ellepje a halszeleteket és a burgonyát.

KOSKERA STÍLUSÚ HAKE

ÖSSZETEVŐK

1 kg szürke tőkehal

100 g főtt borsó

100 g hagyma

100 g kagyló

100 g garnélarák

1 dl füst

2 evőkanál petrezselyem

2 gerezd fokhagyma

8 spárgahegy

2 kemény tojás

Liszt

Só, bors

FELDOLGOZÁS

A szürke tőkehalat szeletekre vagy karajra vágjuk. Fűszerezzük és lisztezzük.

A finomra vágott hagymát és fokhagymát egy lábasban puhára pároljuk. Növeljük a hőt, adjuk hozzá a halat, és mindkét oldalát enyhén pirítsuk meg.

Nedvesítsd meg a füstölővel és főzd 4 percig, közben folyamatosan mozgassa az edényt, hogy a szósz besűrűsödjön. Hozzáadjuk a meghámozott garnélarákot, a spárgát, a megtisztított kagylót, a borsót és a felnegyedelt tojásokat. Főzzük még 1 percig, és szórjuk a tetejére az apróra vágott petrezselymet.

TRÜKK

Sózzuk meg a szürke tőkehalat 20 perccel a főzés előtt, hogy a só egyenletesebben oszlik el.

NAVAJAS FOKHAGYMÁVAL ÉS CITROLLAL

ÖSSZETEVŐK

2 tucat kés

2 gerezd fokhagyma

2 szál petrezselyem

1 citrom

Extra szűz olívaolaj

Só

FELDOLGOZÁS

Tedd a borotvakagylókat egy tálba hideg vízzel és sózd meg előző este, hogy megtisztítsd őket a maradék homoktól.

Lecsepegtetjük, egy serpenyőbe tesszük, lefedjük és közepes lángon addig hevítjük, amíg ki nem nyílnak.

Közben felaprítjuk a fokhagymát, a petrezselyem ágakat, és összekeverjük a citromlével és az olívaolajjal. Öltöztesd fel a borotvakagylókat ezzel a szósszal.

TRÜKK

Ízletesek hollandaise vagy béarnaise szósszal (532. és 517. o.).

CABRACHO PUDDING

ÖSSZETEVŐK

500 g fej nélküli skorpióhal

125 ml paradicsomszósz

¼ l tejszín

6 tojás

1 sárgarépa

1 póréhagyma

1 hagyma

Zsemlemorzsa

Olivaolaj

Só, bors

FELDOLGOZÁS

A skorpióhalat a megtisztított és felaprított zöldségekkel együtt 8 percig főzzük. Sóhoz.

A skorpióhal húsát felaprítjuk (bőr és csont nélkül). Egy tálba öntjük a tojással, a tejszínnel és a paradicsomszósszal együtt. Keverjük össze és ízesítsük sóval, borssal.

Egy formát kivajazunk és megszórjuk zsemlemorzsával. Töltsük meg az előző tésztával, és 175 ºC-os sütőben vízfürdőben süssük 50 percig, vagy amíg a beleszúrt tű tisztán ki nem jön. Hidegen vagy melegen tálaljuk.

TRÜKK

A skorpióhalat bármilyen más hallal helyettesítheti.

TUBA PUHA FOKHAGYMAKRÉMVEL

ÖSSZETEVŐK

4 kis ördögfark

50 g fekete olajbogyó

400 ml tejszín

12 gerezd fokhagyma

Só, bors

FELDOLGOZÁS

A fokhagymát hideg vízben megfőzzük. Amikor felforrnak, vegyük ki és öntsük ki a vizet. Ismételje meg ugyanazt a műveletet 3-szor.

Ezután a fokhagymát a tejszínben lassú tűzön 30 percig főzzük.

A kimagozott olajbogyót a mikrohullámú sütőben szárítsa szárazra. Forgassa át őket egy mozsáron, amíg olívaport nem kap.

Fűszerezzük és főzzük az ördöghalat nagy lángon, amíg kívül lédús, belül aranybarna nem lesz.

Fűszerezzük a szószt. Az ördöghalat a szósszal az oldalára és az olívaporral a tetejére tálaljuk.

TRÜKK

Ennek a szósznak az íze sima és finom. Ha nagyon folyékony, főzzük még néhány percig. Ha viszont nagyon sűrű, adjunk hozzá egy kevés forró folyékony tejszínt és keverjük össze.

A HAKE IN CIDER ALMÁVAL VERSENYEZZ A MENTÁVAL

ÖSSZETEVŐK

4 szürke tőkehal

1 üveg almabor

4 evőkanál cukor

8 mentalevél

4 alma

1 citrom

Liszt

Olivaolaj

Só, bors

FELDOLGOZÁS

A hekket sóval, liszttel ízesítjük, és kevés forró olajon megpirítjuk. Vegyük ki és tegyük egy tepsire.

Az almát meghámozzuk, finomra vágjuk, majd a tálcára tesszük. Öntsük bele az almabort, és süssük 15 percig 165 fokon.

Vegyük ki az almát és a szószt. Keverjük össze cukorral és mentalevéllel.

A halat a kompóttal tálaljuk.

TRÜKK

Ugyanennek a receptnek egy másik változata. Lisztezzük és pirítsuk meg a szürke tőkehalat, majd tegyük egy lábasba az almával és az almaborral együtt. Lassú tűzön főzzük 6 percig. Távolítsa el a szürke tőkehalat, és hagyja, hogy a szósz lecsökkenjen. Ezután keverjük össze a mentával és a cukorral.

Pácolt lazac

ÖSSZETEVŐK

1 kg lazac karaj

500 g cukor

4 evőkanál apróra vágott kapor

500 g durva sót

Olivaolaj

FELDOLGOZÁS

A sót a cukorral és a kaporral összekeverjük egy tálban. A felét tedd egy tálca aljára. Adjuk hozzá a lazacot, és fedjük le a keverék másik felével.

12 órára hűtőbe tesszük. Vegye ki és hideg vízzel tisztítsa meg. Filézzük le és kenjük be olajjal.

TRÜKK

A sót bármilyen fűszernövénnyel vagy fűszerrel ízesítheti (gyömbér, szegfűszeg, curry, stb.)

PISZTÁNKÉK SAJTOS

ÖSSZETEVŐK

4 pisztráng

75 g kék sajt

75 g vaj

40 cl folyékony tejszín

1 kis pohár fehérbor

Liszt

Olivaolaj

Só, bors

FELDOLGOZÁS

Egy serpenyőben hevítsük fel a vajat egy csepp olajjal együtt. A lisztezett és sózott pisztrángot mindkét oldalán 5 percig sütjük. Lefoglal.

A sütésből visszamaradt zsiradékhoz öntjük a bort és a sajtot. Folyamatos kevergetés mellett addig főzzük, amíg a bor szinte eltűnik, és a sajt teljesen elolvad.

Hozzáadjuk a tejszínt és addig főzzük, amíg el nem érjük a kívánt állagot. Sózzuk és borsozzuk. Mártással a pisztrángra.

TRÜKK

Készítsünk édes-savanyú kéksajtmártást, a tejszínt friss narancslével helyettesítjük.

SZÓJÁBAN PÁROZOTT TONHAL TATAKI

ÖSSZETEVŐK

1 tonhal karaj (vagy lazac)

1 pohár szója

1 pohár ecet

2 púpozott evőkanál cukor

1 kis narancs héja

Fokhagyma

pirított szezám

Gyömbér

FELDOLGOZÁS

A tonhalat jól megtisztítjuk és tuskóba vágjuk. Nagyon forró serpenyőben minden oldalát enyhén megpirítjuk, majd azonnal lehűtjük jeges vízben, hogy leállítsuk a főzést.

Egy tálban összekeverjük a szóját, az ecetet, a cukrot, a narancshéjat, a gyömbért és a fokhagymát. Adjuk hozzá a halat, és hagyjuk pácolódni legalább 3 órán keresztül.

Bekenjük szezámmaggal, kis szeletekre vágjuk és tálaljuk.

TRÜKK

Ezt a receptet előzőleg fagyasztott halból kell elkészíteni, hogy elkerüljük az anisakisokat.

HAKE TORTA

ÖSSZETEVŐK

1 kg szürke tőkehal

1 l tejszín

1 nagy hagyma

1 pohár brandy

8 tojás

Sült paradicsom

Olivaolaj

Só, bors

FELDOLGOZÁS

A hagymát julienne csíkokra vágjuk, és egy serpenyőben megpirítjuk. Amikor megpuhult, hozzáadjuk a hekket. Készre és omlósra főzzük.

Ezután fokozzuk a hőt és adjunk hozzá pálinkát. Hagyjuk lecsillapítani, és adjunk hozzá egy kis paradicsomot.

A tűzről levéve hozzáadjuk a tojást és a tejszínt. Törj össze mindent. Ízlés szerint sózzuk, borsozzuk, majd formába tesszük. 165 fokos sütőben bain-marie-ban sütjük legalább 1 órán keresztül, amíg a beleszúrt tű tisztán ki nem jön.

TRÜKK

Rózsaszín vagy tartármártással tálaljuk. Bármilyen csont nélküli fehér hallal elkészíthető.

TŐKHAKKAL TÖLTÖTT PAPRIKA

ÖSSZETEVŐK

250 g sótlan tőkehal

100 g garnélarák

2 evőkanál sült paradicsom

2 evőkanál vaj

2 evőkanál lisztet

1 doboz piquillo paprika

2 gerezd fokhagyma

1 hagyma

Brandi

Olivaolaj

Só, bors

FELDOLGOZÁS

Öntsük fel a tőkehalat vízzel, és főzzük 5 percig. Vegye ki és foglalja le a főzővizet.

Az apróra vágott hagymát és fokhagymagerezdeket megdinszteljük. Hámozzuk meg a garnélarákot, és adjuk hozzá a héját a hagymás serpenyőbe. Jól megpirítjuk. Növeljük a hőt, és adjunk hozzá egy csepp pálinkát és a sült paradicsomot. Felöntjük a tőkehal főzővízzel, és 25 percig főzzük. Törjük össze és szűrjük le.

Az apróra vágott garnélarákot megdinszteljük és félretesszük.

A lisztet a vajban pároljuk kb. 5 percig, hozzáadjuk a leszűrt húslevest, és még 10 percig főzzük, miközben habverővel verjük.

Adjuk hozzá a morzsolt tőkehalat és a párolt garnélarákot. Sózzuk, borsozzuk és hagyjuk kihűlni.

Töltsük meg a paprikát az előző tésztával és tálaljuk.

TRÜKK

Ezekhez a paprikákhoz a tökéletes szósz a Vizcaya (lásd a Húslevesek és szószok fejezetet).

RABAS

ÖSSZETEVŐK

1 kg egész tintahal

150 g búzaliszt

50 g csicseriborsó liszt

Olivaolaj

Só

FELDOLGOZÁS

A tintahalat alaposan tisztítsa meg, távolítsa el a külső héját, és alaposan tisztítsa meg a belsejét. Vágja őket vékony csíkokra hosszában, ne szélességében. Sóhoz.

Keverjük össze a búzalisztet és a csicseriborsólisztet, majd lisztezzük a tintahalat a keverékkel.

Az olajat jól felforrósítjuk, és apránként aranybarnára sütjük a farkokat. Azonnal tálaljuk.

TRÜKK

A tintahalat 15 perccel korábban megsózzuk, és nagyon forró olajban kisütjük.

PAVIA KATONAI

ÖSSZETEVŐK

500 g sótlan tőkehal

1 evőkanál oregánó

1 evőkanál őrölt kömény

1 evőkanál színezék

1 evőkanál paprika

1 pohár ecet

2 gerezd fokhagyma

1 babérlevél

Liszt

forró olaj

Só

FELDOLGOZÁS

Egy tálban összekeverjük az oregánót, a köményt, a paprikát, a zúzott fokhagymát, egy pohár ecetet és egy pohár vizet, majd egy csipet sóval ízesítjük. A csíkokra vágott, sómentes tőkehalat 24 órára a pácba tesszük.

Keverjük össze a lisztet és a színezéket. A tőkehal csíkokat lisztezzük, lecsepegtetjük és bő forró olajban kisütjük.

TRÜKK

Azonnal tálaljuk, hogy a belseje szaftos, a külseje ropogós legyen.

RÁKELLÁT

ÖSSZETEVŐK

125 g nyers garnélarák

75 g búzaliszt

50 g csicseriborsó liszt

5 szál sáfrány (vagy festék)

¼ metélőhagyma

Friss petrezselyem

Extra szűz olívaolaj

Só

FELDOLGOZÁS

A sáfrányt alufóliába csomagolva néhány másodpercig sütjük a sütőben.

Egy tálban összekeverjük a liszteket, a sót, a porított sáfrányt, az apróra vágott metélőhagymát, az apróra vágott petrezselymet, 125 ml nagyon hideg vizet és a garnélarákot.

Bő olajban kisütjük a kanálnyi kinyújtott tésztát. Hagyjuk, amíg aranybarnák nem lesznek.

TRÜKK

A tészta kanállal keverve joghurtszerű állagú legyen.

PISZTRÁG NAVARRÁBA

ÖSSZETEVŐK

4 pisztráng

8 szelet serrano sonka

Liszt

Olivaolaj

Só

FELDOLGOZÁS

Helyezzen 2 szelet serranói sonkát minden tiszta és kibelezett pisztrángba. Lisztet és sóval ízesítjük.

Bő olajban kisütjük és nedvszívó papíron leszedjük a felesleges zsírt.

TRÜKK

Az olaj hőmérsékletének közepesen magasnak kell lennie, nehogy csak kívül süljön el, és a hő ne érje el a hal közepét.

LAZACTATÁR AVOKÁDÓVAL

ÖSSZETEVŐK

500 g lazac csont és bőr nélkül

6 kapribogyó

4 paradicsom

3 ecetes uborka

2 avokádó

1 metélőhagyma

2 citrom leve

Tabasco

Olivaolaj

Só

FELDOLGOZÁS

Hámozzuk meg és magozzuk ki a paradicsomot. Ürítse ki az avokádót. Az összes hozzávalót a lehető legfinomabbra vágjuk, és egy tálban összekeverjük.

Öltöztesd meg citromlével, néhány csepp Tabascóval, olívaolajjal és sóval.

TRÜKK

Füstölt lazaccal vagy más hasonló hallal, például pisztránggal készülhet.

Fésűkagyló GALICIAI

ÖSSZETEVŐK

8 kagyló

125 g hagyma

125 g serrano sonka

80 g zsemlemorzsa

1 evőkanál friss petrezselyem

½ teáskanál édes paprika

1 kemény tojás, apróra vágva

FELDOLGOZÁS

A hagymát apróra vágjuk, és alacsony hőmérsékleten 10 percig pároljuk. Hozzáadjuk a kis kockákra vágott sonkát, és még 2 percig pirítjuk. Adjuk hozzá a paprikát és főzzük további 10 másodpercig. Vegyük ki és hagyjuk kihűlni.

Ha kihűlt, tegyük egy tálba, és adjuk hozzá a zsemlemorzsát, valamint az apróra vágott petrezselymet és a tojást. Keveredik.

Töltsük meg a tengeri herkentyűket az előző keverékkel, tegyük tányérra, és süssük 170°C-on 15 percig.

TRÜKK

Időmegtakarítás érdekében készítse elő előre, és süsse meg a kívánt napon. Fésűkagylóval, sőt osztrigával is elkészíthető.

CSIRKE SZÓZÁSBAN, GOMMBÁVAL

ÖSSZETEVŐK

1 csirke

350 g gomba

½ l csirkehúsleves

1 pohár fehérbor

1 szál kakukkfű

1 szál rozmaring

1 babérlevél

2 paradicsom

1 zöldpaprika

1 gerezd fokhagyma

1 hagyma

1 cayenne

Olivaolaj

Só, bors

FELDOLGOZÁS

A csirkemellet feldaraboljuk, fűszerezzük és nagy lángon megpirítjuk. Távolítsa el és foglalja le. A nagyon apróra vágott hagymát, cayenne-t, borsot és fokhagymát ugyanabban az olajban, lassú tűzön 5 percig megdinszteljük. Növeljük a hőt, és adjuk hozzá a reszelt paradicsomot. Addig pároljuk, amíg az összes víz el nem tűnik a paradicsomból.

Újra hozzáadjuk a csirkét, és addig locsoljuk a borral, míg a mártás majdnem meg nem szárad. Nedvesítsük meg a húslével, és adjuk hozzá az aromás fűszernövényeket. Főzzük körülbelül 25 percig, vagy amíg a csirke megpuhul.

A felszeletelt, sóval fűszerezett gombát forró serpenyőben, kevés olajon külön-külön 2 percig pároljuk. Adjuk hozzá a csirkepörkölthöz, és főzzük még 2 percig. Szükség esetén módosítsa a sót.

TRÜKK

Ugyanolyan jó az eredmény, ha rókagombával készül.

TENGERCSIRKE ALMARADALÁSSAL

ÖSSZETEVŐK

1 csirke

2 pohár ecet

4 pohár almabor

2 gerezd fokhagyma

2 sárgarépa

1 babérlevél

1 póréhagyma

2 pohár olaj

Só és bors

FELDOLGOZÁS

Vágjuk fel, fűszerezzük és egy edényben pirítsuk meg a csirkét. Vegye ki és foglalja le. Ugyanebben az olajban megdinszteljük a répát és a póréhagymát, valamint a karikára vágott fokhagymagerezdeket. Amikor a zöldségek megpuhultak, hozzáadjuk a folyadékot.

Adjuk hozzá a babérlevelet és a borsot, sózzuk, és főzzük még 5 percig. Adjuk hozzá a csirkét, és főzzük további 12 percig. Lefedve, a tűzről levéve pihentetjük.

TRÜKK

Hűtőben, lefedve, több napig is eláll. A pácolás az élelmiszerek tartósításának egyik módja.

CSIRKE CSIRKE CSIRKE CSIRKE PÁROS

ÖSSZETEVŐK

1 nagy csirke

150 g rókagomba

1 pohár brandy

1 szál kakukkfű

1 szál rozmaring

2 db reszelt paradicsom

2 gerezd fokhagyma

1 zöldpaprika

1 piros paprika

1 sárgarépa

1 hagyma

Csirkehúsleves

Liszt

Olivaolaj

Só, bors

FELDOLGOZÁS

Fűszerezzük és lisztezzük a darabokra vágott csirkét. Erős tűzön kevés olajon megpirítjuk, kivesszük és félretesszük.

Ugyanebben az olajban lassú tűzön 20 percig pároljuk az apróra vágott sárgarépát, hagymát, fokhagymát és paprikát.

Növeljük a hőt, és adjuk hozzá a reszelt paradicsomot. Addig főzzük, amíg szinte az összes víz el nem tűnik a paradicsomról. Hozzáadjuk a megtisztított és apróra vágott rókagombát. Pároljuk 3 percig nagy lángon, adjuk hozzá a pálinkát, és hagyjuk lehűlni.

Tedd vissza a csirkét, és öntsd le a húslével. Adjuk hozzá az aromás fűszernövényeket, és főzzük további 25 percig.

TRÜKK

Bármilyen szezonális gomba használható ehhez az ételhez.

MADRILEÑA STÍLUSÚ CSIRKESZTEAK

ÖSSZETEVŐK

8 db csirke filé

3 gerezd fokhagyma

2 evőkanál friss petrezselyem

1 teáskanál őrölt kömény

Liszt, tojás és zsemlemorzsa (a bevonáshoz)

Olivaolaj

Só, bors

FELDOLGOZÁS

A finomra vágott petrezselymet és fokhagymát összekeverjük a zsemlemorzsával és a köménnyel.

A filéket sózzuk, borsozzuk, majd bekenjük liszttel, felvert tojással és az előző keverékkel.

Kézzel megnyomkodjuk, hogy jól tapadjon a panír. Bő, forró olajban aranysárgára sütjük.

TRÜKK

Gratinálhatók, a tetejére néhány szelet mozzarella és paradicsom concassé (lásd a Húslevesek és szószok fejezetet).

FRICANDÓ CSIRKE SHIITAKE GOMBÁVAL

ÖSSZETEVŐK

1 kg csirke filé

250 g shiitake gomba

250 ml csirkehúsleves

150 ml brandy

2 paradicsom

1 sárgarépa

1 gerezd fokhagyma

1 póréhagyma

½ metélőhagyma

1 csokor aromás fűszernövények (kakukkfű, rozmaring, babérlevél...)

1 teáskanál paprika

Liszt

Olivaolaj

Só, bors

FELDOLGOZÁS

A negyedekre vágott csirkefilét fűszerezzük és lisztezzük. Kevés olajon közepes lángon megpirítjuk és kivesszük.

Ugyanebben az olajban megdinszteljük az apróra vágott zöldségeket, hozzáadjuk a paprikát, végül a reszelt paradicsomot.

Jól megpirítjuk, amíg a paradicsom el nem veszíti az összes vizet, növeljük a hőt, és hozzáadjuk a gombát. Pároljuk 2 percig, majd adjunk hozzá pálinkát. Hagyja elpárologni az összes alkoholt, és tegye vissza a csirkét.

Felöntjük húslével, és hozzáadjuk az aromás fűszernövényeket. Adjuk hozzá a sót, és főzzük még 5 percig alacsony lángon.

TRÜKK

5 percig lefedve pihentetjük, hogy jobban összeérjenek az ízek.

CSIRKE SONKA WHISKYVEL

ÖSSZETEVŐK

12 csirkecomb

200 ml tejszín

150 ml whisky

100 ml csirkehúsleves

3 tojássárgája

1 metélőhagyma

Liszt

Olivaolaj

Só, bors

FELDOLGOZÁS

Fűszerezzük, lisztezzük és pirítsuk meg a csirkecombokat. Távolítsa el és foglalja le.

A finomra vágott hagymát ugyanezen az olajon 5 percig pároljuk. Adjuk hozzá a whiskyt és flambírozzuk (a páraelszívót le kell venni). Felöntjük a tejszínnel és a húslevessel. Ismét hozzáadjuk a csirkét, és lassú tűzön 20 percig főzzük.

A tűzről levéve hozzáadjuk a sárgáját, és óvatosan keverjük össze, hogy a szósz kissé besűrűsödjön. Sózzuk és borsozzuk, ha szükséges.

TRÜKK

A whiskyt helyettesítheti azzal az alkoholos itallal, amelyet a legjobban szeret.

SÜLT KACSA

ÖSSZETEVŐK

1 tiszta kacsa

1 l csirkehúsleves

4 dl szójaszósz

3 evőkanál méz

2 gerezd fokhagyma

1 kis hagyma

1 cayenne

friss gyömbér

Olivaolaj

Só, bors

FELDOLGOZÁS

Egy tálban összekeverjük a csirkelevest, a szóját, a reszelt fokhagymát, az apróra vágott cayenne-t és a hagymát, a mézet, egy darab reszelt gyömbért és a borsot. Pácold a kacsát ebben a keverékben 1 órán át.

Kivesszük a macerálásból, és a maceráló folyadék felével egy tepsire tesszük. 200 fokon 10 percig sütjük mindkét oldalát. Folyamatosan nedvesítse kefével.

Csökkentse a sütőt 180 fokra, és mindkét oldalát süsse további 18 percig (5 percenként folytassa a festést ecsettel).

A kacsát kivesszük, és félretesszük a mártást egy serpenyőben közepes lángon.

TRÜKK

A madarakat eleinte lefelé süssük, így kevésbé száradnak ki és szaftosabbak maradnak.

VILLAROY CSIRKEMELL

ÖSSZETEVŐK

1 kg csirkemell

2 sárgarépa

2 rúd zeller

1 hagyma

1 póréhagyma

1 fehérrépa

Liszt, tojás és zsemlemorzsa (a bevonáshoz)

A besamelhez

1 l tej

100 g vaj

100 g liszt

őrölt szerecsendió

Só, bors

FELDOLGOZÁS

Az összes megtisztított zöldséget 2 l vízben (hidegről) 45 percig főzzük.

Közben besamelt készítünk úgy, hogy a lisztet a vajban közepes-alacsony lángon 5 percig pároljuk. Ezután adjuk hozzá a tejet és keverjük össze. Sózzuk, borsozzuk, majd hozzáadjuk a szerecsendiót. Főzzük 10 percig alacsony lángon, folyamatosan verjük.

Szűrjük le a húslevest, és pároljuk benne a melleket (egészben vagy filézve) 15 percig. Vegyük ki és hagyjuk kihűlni. A melleket jól megszórjuk a besamellel, és hűtőbe tesszük. Ha kihűlt, panírozzuk lisztben, majd tojásban, végül zsemlemorzsában. Bő olajban kisütjük és forrón tálaljuk.

TRÜKK

A húslevesből és a zúzott zöldségekből remek krémet készíthet.

CSIRKEMELL CIROMOS-MUSTÁROS MÁRTÁSSAL

ÖSSZETEVŐK

4 csirkemell

250 ml tejszín

3 evőkanál brandy

3 evőkanál mustár

1 evőkanál liszt

2 gerezd fokhagyma

1 citrom

½ metélőhagyma

Olivaolaj

Só, bors

FELDOLGOZÁS

Fűszerezzük és kevés olajon pirítsuk meg a szabályos darabokra vágott melleket. Lefoglal.

Ugyanebben az olajban megdinszteljük a finomra vágott hagymát és a fokhagymát. Adjuk hozzá a lisztet és főzzük 1 percig. Addig adjuk hozzá a pálinkát, amíg el nem párolódik, majd beleöntjük a tejszínt, a 3 evőkanál citromlevet és a héját, a mustárt és a sót. 5 percig főzzük a szószt.

Ismét hozzáadjuk a csirkét, és lassú tűzön még 5 percig főzzük.

TRÜKK

A citrom héját először lehúzzuk, mielőtt kivonnánk a levét. Pénzt takarítunk meg, mell helyett apróra vágott csirkehússal is elkészíthető.

SÜLT PINTADA SZILVÁVAL ÉS GOMBÁVAL

ÖSSZETEVŐK

1 festett

250 g gomba

200 ml portói

¼ l csirkehúsleves

15 kimagozott szilva

1 gerezd fokhagyma

1 teáskanál liszt

Olivaolaj

Só, bors

FELDOLGOZÁS

Fűszerezzük és sütjük a gyöngytyúkot a szilvával 40 percig 175°C-on. A sütés felénél megfordítjuk. Az idő letelte után távolítsa el és tartsa le a levét.

2 evőkanál olajat és a lisztet egy serpenyőben 1 percig pirítjuk. Felöntjük a borral, és a felére hűtjük. Nedvesítse meg a sült levével és a húslével. 5 percig főzzük állandó keverés mellett.

A gombát külön megdinszteljük egy kevés darált fokhagymával, hozzáadjuk a szószhoz és felforraljuk. A gyöngytyúkot a szósszal tálaljuk.

TRÜKK

Különleges alkalmakra töltheti a gyöngytyúkot almával, libamájjal, darált hússal, dióval.

 AVES

VILLAROY CSIRKEMELL MODÉNAECETES KARAMELLIZÁLT PIQUILLÓVAL TÖLTVE

ÖSSZETEVŐK

4 csirkemell filé

100 g vaj

100 g liszt

1 l tej

1 doboz piquillo paprika

1 pohár modenai ecet

½ pohár cukor

Szerecsendió

Tojás és zsemlemorzsa (a bevonáshoz)

Olivaolaj

Só, bors

FELDOLGOZÁS

A vajat és a lisztet 10 percig lassú tűzön pároljuk. Ezután felöntjük a tejjel, és folyamatos keverés mellett 20 percig főzzük. Ízesítsük sóval, borssal és adjunk hozzá szerecsendiót. Hagyjuk kihűlni.

Közben karamellizáljuk a paprikát az ecettel és a cukorral, amíg az ecet el nem kezd (csak éppen elkezd) sűrűsödni.

A filéket sózzuk, borsozzuk, és megtöltjük a piquilloval. Forgassa át a melleket átlátszó fóliába, mintha nagyon kemény cukorkák lennének, zárjuk le és főzzük 15 percig vízben.

Ha megsült, minden oldalukat besamellel megszórjuk, és felvert tojással és zsemlemorzsával megkenjük. Bő olajban kisütjük.

TRÜKK

Ha pár evőkanál curryt adunk hozzá, miközben a besamel liszt pirul, az eredmény más és nagyon gazdag lesz.

SZALONNÁVAL, GOMBÁVAL ÉS SAJTOKKAL TÖLTÖTT CSIRKEMELL

ÖSSZETEVŐK

4 csirkemell filé

100 g gomba

4 szelet füstölt szalonna

2 evőkanál mustár

6 evőkanál tejszín

1 hagyma

1 gerezd fokhagyma

Szeletelt sajt

Olivaolaj

Só, bors

FELDOLGOZÁS

A csirkefiléket sóval és borssal ízesítjük. A gombát megtisztítjuk és negyedekre vágjuk.

A szalonnát megpirítjuk, és az apróra vágott gombát fokhagymával nagy lángon megdinszteljük.

Töltsük meg a filéket a szalonnával, sajttal és gombával, és tökéletesen zárjuk le átlátszó fóliával, mintha cukorka lennének. Főzzük 10 percig forrásban lévő vízben. Távolítsa el a filmet és a filét.

Másrészt az apróra vágott hagymát megdinszteljük, hozzáadjuk a tejszínt és a mustárt, 2 percig főzzük és turmixoljuk. Mártással a csirkére

TRÜKK

Az átlátszó fólia ellenáll a magas hőmérsékletnek, és nem ad semmilyen ízt az ételhez.

CSIRKE ÉDES BORBAN SZILVÁVAL

ÖSSZETEVŐK

1 nagy csirke

100 g kimagozott szilva

½ l csirkehúsleves

½ üveg édes bor

1 metélőhagyma

2 sárgarépa

1 gerezd fokhagyma

1 evőkanál liszt

Olivaolaj

Só, bors

FELDOLGOZÁS

Fűszerezzük és pirítsuk meg a darabokra vágott csirkét egy nagyon forró serpenyőben olajon. Vegye ki és foglalja le.

Ugyanebben az olajban megdinszteljük a finomra vágott metélőhagymát, fokhagymát és sárgarépát. Amikor a zöldségek jól megpuhultak, hozzáadjuk a lisztet, és még egy percig főzzük.

Öntsük hozzá az édes bort, és addig növeljük a hőt, amíg szinte teljesen le nem csökken. Nedvesítsd meg a húslével, és ismét add hozzá a csirkét és az aszalt szilvát.

Pároljuk körülbelül 15 percig, vagy amíg a csirke megpuhul. Vegyük ki a csirkét, és keverjük össze a szószt. Adjunk hozzá sót.

TRÜKK

Ha a zúzott szószhoz egy kis hideg vajat adunk és habverővel felverjük, vastagabb és fényesebb lesz.

NARANCS CSIRKEMELL KUDIOSZTAL

ÖSSZETEVŐK

4 csirkemell

75 g kesudió

2 pohár friss narancslé

4 evőkanál méz

2 evőkanál Cointreau

Liszt

Olivaolaj

Só, bors

FELDOLGOZÁS

Fűszerezzük és lisztezzük a melleket. Bő olajban megpirítjuk, kivesszük és lerakjuk.

Főzzük a narancslevet a Cointreau-val és a mézzel 5 percig. Adjuk hozzá a melleket a szószhoz, és lassú tűzön főzzük 8 percig.

A szósszal és a kesudióval a tetejére tálaljuk.

TRÜKK

Egy másik módja annak, hogy jó narancsszószt készítsünk, ha nem túl sötét cukorkákkal kezdjük, amelyekhez természetes narancslevet adunk.

pácolt fogoly

ÖSSZETEVŐK

4 fogoly

300 g hagyma

200 g sárgarépa

2 pohár fehérbor

1 fej fokhagyma

1 babérlevél

1 pohár ecet

1 pohár olaj

Só és 10 szem bors

FELDOLGOZÁS

Fűszerezzük és nagy lángon pirítsuk meg a fogolyokat. Távolítsa el és foglalja le.

Ugyanebben az olajban pirítsuk meg a sárgarépát és a hagymát julienne csíkokra vágva. Amikor a zöldségek megpuhultak, hozzáadjuk a bort, az ecetet, a borsot, a sót, a fokhagymát és a babérlevelet. 10 percig pirítjuk.

Tedd vissza a fogolyt, és lassú tűzön főzd további 10 percig.

TRÜKK

Ahhoz, hogy a pácolt húsok vagy halak ízesebbek legyenek, a legjobb, ha legalább 24 órát pihentetjük.

CACCIATORE CSIRKE

ÖSSZETEVŐK

1 apróra vágott csirke

50 g szeletelt gomba

½ l csirkehúsleves

1 pohár fehérbor

4 reszelt paradicsom

2 sárgarépa

2 gerezd fokhagyma

1 póréhagyma

½ hagyma

1 csokor aromás fűszernövények (kakukkfű, rozmaring, babérlevél...)

Olivaolaj

Só, bors

FELDOLGOZÁS

Fűszerezzük és pirítsuk meg a csirkét egy nagyon forró serpenyőben, olajon. Vegye ki és foglalja le.

Ugyanabban az olajban megdinszteljük a sárgarépát, a fokhagymát, a póréhagymát és az apróra vágott hagymát. Ezután adjuk hozzá a reszelt paradicsomot. Addig pároljuk, amíg a paradicsom el nem veszíti a vizet. Tedd vissza a csirkét.

Külön megdinszteljük a gombát, és szintén a pörkölthöz adjuk. Felöntjük egy pohár borral, és hagyjuk állni.

Nedvesítsük meg a húslével, és adjuk hozzá az aromás fűszernövényeket. Addig főzzük, amíg a csirke megpuhul. Állítsa be a sót.

TRÜKK

Ez az étel pulykával, sőt nyúllal is elkészíthető.

COCA COLA STÍLUSÚ CSIRKESZÁRNYÁK

ÖSSZETEVŐK

1 kg csirkeszárny

½ l Coca-Cola

4 evőkanál barna cukor

2 evőkanál szójaszósz

1 szint evőkanál oregánó

½ citrom

Só, bors

FELDOLGOZÁS

Öntsük a Coca-Colát, a cukrot, a szóját, az oregánót és a ½ citrom levét egy serpenyőbe, és főzzük 2 percig.

A szárnyakat félbevágjuk, sóval, borssal ízesítjük. 160 fokon addig sütjük, amíg egy kicsit meg nem színeződik. Ekkor adjuk hozzá a szósz felét, és fordítsuk meg a szárnyakat. Fordítsa meg őket 20 percenként.

Amikor a szósz már majdnem összeállt, hozzáadjuk a másik felét, és addig pirítjuk, amíg a szósz besűrűsödik.

TRÜKK

Egy szál vanília hozzáadása a szósz elkészítése közben fokozza az ízt és jellegzetes tapintást ad.

FOKHAGYMAS CSIRKE

ÖSSZETEVŐK

1 apróra vágott csirke

8 gerezd fokhagyma

1 pohár fehérbor

1 evőkanál liszt

1 cayenne

Ecet

Olivaolaj

Só, bors

FELDOLGOZÁS

A csirkét befűszerezzük és jól megpirítjuk. Tartsa le, és hagyja kihűlni az olajat.

A fokhagymagerezdeket apró kockákra vágjuk, és a fokhagymát és a cayenne-t úgy konfitáljuk (olajban főzzük, ne sütjük), hogy színt kapjanak.

Felöntjük a borral, és addig hagyjuk langyosodni, amíg egy bizonyos vastagságú lesz, de nem lesz száraz.

Ezután hozzáadjuk a csirkét és apránként a teáskanál lisztet a tetejére. Keverjük össze (ellenőrizzük, hogy a fokhagyma hozzáragad-e a csirkéhez; ha nem, adjunk hozzá még egy kis lisztet, amíg kissé meg nem tapad).

Fedjük le és időnként keverjük meg. 20 percig főzzük alacsony lángon. Egy csepp ecettel fejezzük be, és főzzük még 1 percig.

TRÜKK

A csirke párolása elengedhetetlen. Nagyon erős lángon kell sütni, hogy kívül aranyszínű, belül lédús maradjon.

CSIRKE AL CHILINDRÓN

ÖSSZETEVŐK

1 kis csirke, apróra vágva

350 g apróra vágott serrano sonka

1 doboz 800 g zúzott paradicsom

1 nagy piros paprika

1 nagy zöldpaprika

1 nagy hagyma

2 gerezd fokhagyma

Kakukkfű

1 pohár fehér vagy vörösbor

Cukor

Olivaolaj

Só, bors

FELDOLGOZÁS

A csirkemellet sózzuk, borsozzuk, és nagy lángon megsütjük. Vegye ki és foglalja le.

Ugyanebben az olajban megdinszteljük a közepes darabokra vágott paprikát, fokhagymát és hagymát. Amikor a zöldségek jól megpirultak, hozzáadjuk a sonkát és még 10 percig pirítjuk.

Tedd vissza a csirkét, és fürdesd meg a borral. Erős lángon 5 percig forraljuk, majd hozzáadjuk a paradicsomot és a kakukkfüvet. Csökkentse a hőt, és főzzük további 30 percig. Állítsa be a sót és a cukrot.

TRÜKK

Ugyanez a recept elkészíthető húsgombócokkal is. Nem marad semmi a tányéron!

FÜRJ ÉS VÖRÖS GYÜMÖLCSEK PÁNCOLVA

ÖSSZETEVŐK

4 fürj

150 g piros gyümölcs

1 pohár ecet

2 pohár fehérbor

1 sárgarépa

1 póréhagyma

1 gerezd fokhagyma

1 babérlevél

Liszt

1 pohár olaj

Só és bors

FELDOLGOZÁS

Lisztezzük, fűszerezzük és egy edényben pirítsuk meg a fürjeket. Vegye ki és foglalja le.

Ugyanebben az olajban megdinszteljük a répát és a póréhagymát, valamint a karikára vágott fokhagymát. Amikor a zöldségek megpuhultak, hozzáadjuk az olajat, az ecetet és a bort.

Adjuk hozzá a babérlevelet és a borsot. Adja hozzá a sót, és főzze 10 percig a piros gyümölcsökkel együtt.

Adjuk hozzá a fürjeket, és pároljuk még 10 percig, amíg megpuhulnak. Lefedve, a tűzről levéve pihentetjük.

TRÜKK

Ez a savanyúság a fürj húsával együtt remek öntet és egy jó bimbós saláta kísérője.

CITROMOS CSIRKE

ÖSSZETEVŐK

1 csirke

30 g cukor

25 g vaj

1 l csirkehúsleves

1 dl fehérbor

3 citrom leve

1 hagyma

1 póréhagyma

Olivaolaj

Só, bors

FELDOLGOZÁS

Vágjuk fel és fűszerezzük a csirkét. Erős tűzön megpirítjuk és kivesszük.

A hagymát megpucoljuk, a póréhagymát megtisztítjuk, julienne csíkokra vágjuk. A zöldségeket ugyanabban az olajban megdinszteljük, amelyben a csirkét készítettük. Felöntjük a borral, és hagyjuk lehűlni.

Adjuk hozzá a citromlevet, a cukrot és a húslevest. 5 percig főzzük, majd visszatesszük a csirkét. Lassú tűzön pároljuk még 30 percig. Sózzuk és borsozzuk.

TRÜKK

Annak érdekében, hogy a szósz vékonyabb és zöldségdarabok nélkül legyen, jobb, ha összetörjük.

SAN JACOBO CSIRKE SERRANO SONKÁVAL, CASAR TORTÁVAL ÉS RUGULA

ÖSSZETEVŐK

8 vékony csirke filé

150 g Casar torta

100 g rukkola

4 szelet serrano sonka

Liszt, tojás és gabonafélék (a bevonáshoz)

Olivaolaj

Só, bors

FELDOLGOZÁS

A csirkefiléket sózzuk, borsozzuk és megkenjük sajttal. Tegyen az egyikre rukkolát és serrano sonkát, és tegyen egy másikat a tetejére, hogy lezárja. Tegye ugyanezt a többivel is.

Forgassuk át őket liszten, felvert tojáson és zúzott gabonaféléken. Bő, forró olajban 3 percig sütjük.

TRÜKK

Bevonható zúzott pattogatott kukoricával, kikóval, sőt férgekkel is. Az eredmény nagyon szórakoztató.

SÜLT CSIRKE CURRY

ÖSSZETEVŐK

4 csirke csikk (főnként)

1 l tejszín

1 metélőhagyma vagy hagyma

2 evőkanál curry

4 natúr joghurt

Só

FELDOLGOZÁS

A hagymát apróra vágjuk, és egy tálban összekeverjük a joghurttal, a tejszínnel és a curryvel. Ízesítsük sóval.

Vágjon bele néhány darabot a csirkébe, és pácolja a joghurtos szószban 24 órán át.

180 fokon 90 percig sütjük, kivesszük a csirkét, és a felvert szósszal tálaljuk.

TRÜKK

Ha marad szósz, abból finom fasírtokat készíthetünk.

CSIRKE VÖRÖSBORBAN

ÖSSZETEVŐK

1 apróra vágott csirke

½ l vörösbor

1 szál rozmaring

1 szál kakukkfű

2 gerezd fokhagyma

2 póréhagyma

1 piros paprika

1 sárgarépa

1 hagyma

Csirkehúsleves

Liszt

Olivaolaj

Só, bors

FELDOLGOZÁS

Fűszerezzük és süssük meg a csirkét egy nagyon forró serpenyőben. Vegye ki és foglalja le.

A zöldségeket apróra vágjuk, és ugyanabban az olajban megdinszteljük, amelyben a csirkét sütöttük.

Öntsük fel a borral, adjuk hozzá az aromás fűszernövényeket, és főzzük kb. 10 percig nagy lángon, amíg megpuhul. Újra hozzáadjuk a csirkét, és felöntjük húslével, amíg el nem fedi. Pároljuk további 20 percig, vagy amíg a hús megpuhul.

TRÜKK

Ha vékonyabb, darabos mártást szeretnénk, pürésítsük és szűrjük le a szószt.

SÜLT CSIRKE FEKETE SÖRRE

ÖSSZETEVŐK

4 csirke csikk

750 ml fekete sör

1 evőkanál kömény

1 szál kakukkfű

1 szál rozmaring

2 hagyma

3 gerezd fokhagyma

1 sárgarépa

Só, bors

FELDOLGOZÁS

A hagymát, a sárgarépát és a fokhagymát julienne csíkokra vágjuk. Tegye a kakukkfüvet és a rozmaringot egy tepsi aljára, és tegye rá a hagymát, a sárgarépát és a fokhagymát; majd a csirke popsi, bőrös felével lefelé, sóval és egy csipet köménnyel fűszerezve. 175 fokon kb 45 percig sütjük.

30 perc után nedvesítse meg sörrel, fordítsa meg a csikket és süsse további 45 percig. Amikor a csirke megsült, vegyük ki a tálcáról, és keverjük össze a szószt.

TRÜKK

Ha hozzáadunk 2 darab almát a sült felére vágva, és a szósszal összetörjük, még jobb az íze.

CSOKOLÁDÉS KÖRNYÉK

ÖSSZETEVŐK

4 fogoly

½ l csirkehúsleves

½ pohár vörösbor

1 szál rozmaring

1 szál kakukkfű

1 metélőhagyma

1 sárgarépa

1 gerezd fokhagyma

1 reszelt paradicsom

Csokoládé

Olivaolaj

Só, bors

FELDOLGOZÁS

Fűszerezzük és pirítsuk meg a fogolyokat. Lefoglal.

A finomra vágott sárgarépát, fokhagymát és metélőhagymát ugyanabban az olajban, közepes hőmérsékleten megdinszteljük. Növeljük a hőt és adjuk hozzá a paradicsomot. Addig főzzük, amíg a víz el nem fogy. Felöntjük a borral, és hagyjuk, hogy majdnem teljesen lehűljön.

Nedvesítsük meg a húslével, és adjuk hozzá a fűszernövényeket. Lassú tűzön addig főzzük, amíg a fogoly megpuhul. Állítsa be a sót. Levesszük a tűzről, és ízlés szerint csokit adunk hozzá. Távolítsa el.

TRÜKK

Az étel fűszeres ízét adhatja hozzá cayenne-t, ha pedig ropogósra szeretné, akkor mogyorót vagy pirított mandulát.

SÜLT PULYKAnegyed VÖRÖS GYÜMÖLCSSZÓZSSZAL

ÖSSZETEVŐK

4 pulyka csikk

250 g piros gyümölcs

½ l cava

1 szál kakukkfű

1 szál rozmaring

3 gerezd fokhagyma

2 póréhagyma

1 sárgarépa

Olivaolaj

Só, bors

FELDOLGOZÁS

A póréhagymát, a sárgarépát és a fokhagymát megtisztítjuk és megszórjuk. Tegye ezt a zöldséget egy tepsire a kakukkfűvel, rozmaringgal és piros bogyós gyümölcsökkel együtt.

A tetejére helyezzük a pulykanegyedeket, egy csepp olajjal ízesítjük, és bőrükkel lefelé. 175 fokon 1 órán át sütjük.

30 perc múlva fürödjön cavával. Fordítsa meg a húst, és süsse további 45 percig. Az idő letelte után vegye ki a tálcából. Turmixoljuk, szűrjük le, és a mártást sózzuk.

TRÜKK

A pulyka akkor lesz kész, amikor a comb és a comb könnyen leválik.

SÜLT CSIRKE ŐSZABARAKMÁRTÁSSAL

ÖSSZETEVŐK

4 csirke csikk

½ l fehérbor

1 szál kakukkfű

1 szál rozmaring

3 gerezd fokhagyma

2 őszibarack

2 hagyma

1 sárgarépa

Olivaolaj

Só, bors

FELDOLGOZÁS

A hagymát, a sárgarépát és a fokhagymát julienne csíkokra vágjuk. Az őszibarackot meghámozzuk, félbevágjuk, a magját eltávolítjuk.

A kakukkfüvet és a rozmaringot a sárgarépával, a hagymával és a fokhagymával együtt egy tepsi aljára tesszük. Tegye rá a csikkeket, egy csepp olajjal megízesítve, bőrös felével lefelé, és süsse 175°C-on kb. 45 percig.

30 perc elteltével fürödjön fehérborral, fordítsa meg és süsse további 45 percig. Amikor a csirke megsült, vegyük ki a tálcáról, és keverjük össze a szószt.

TRÜKK

A sülthez adhatunk almát vagy körtét. A szósznak remek íze lesz.

SPENÓVAL ÉS MOZZARELLÁVAL TÖLTÖTT CSIRKEFILE

ÖSSZETEVŐK

8 vékony csirke filé

200 g friss spenót

150 g mozzarella

8 bazsalikom levél

1 teáskanál őrölt kömény

Liszt, tojás és zsemlemorzsa (a bevonáshoz)

Olivaolaj

Só, bors

FELDOLGOZÁS

A melleket mindkét oldalukon sózzuk, borsozzuk. A tetejére tesszük a spenótot, a darabokra vágott sajtot és az apróra vágott bazsalikomot, majd befedjük egy másik filével. Belekeverjük a lisztet, a felvert tojást és a zsemlemorzsa és a kömény keverékét.

Mindkét oldalát pár percig sütjük, majd nedvszívó papíron távolítsuk el a felesleges olajat.

TRÜKK

A tökéletes kísérő egy jó paradicsomszósz. Ez az étel elkészíthető pulyka és akár friss karaj szalaggal is.

CAVASÜLT CSIRKE

ÖSSZETEVŐK

4 csirke csikk

1 üveg cava

1 szál kakukkfű

1 szál rozmaring

3 gerezd fokhagyma

2 hagyma

Olivaolaj

Só, bors

FELDOLGOZÁS

A hagymát és a fokhagymát julienne csíkokra vágjuk. Egy tepsi aljára tesszük a kakukkfüvet és a rozmaringot, rárakjuk a hagymát, a fokhagymát, majd a fűszerezett csikket bőrös felével lefelé. 175 fokon kb 45 percig sütjük.

30 perc elteltével fürdessük meg a cavával, fordítsuk meg a csikket és süssük további 45 percig. Amikor a csirke megsült, vegyük ki a tálcáról, és keverjük össze a szószt.

TRÜKK

Ugyanennek a receptnek egy másik változója, hogy lambruscóval vagy édes borral készítsük.

CSIRKE NYÁRSA MOGYÓSZÓZSSZAL

ÖSSZETEVŐK

600 g csirkemell

150 g földimogyoró

500 ml csirkehúsleves

200 ml tejszín

3 evőkanál szójaszósz

3 evőkanál méz

1 evőkanál curry

1 apróra vágott cayenne

1 evőkanál limelé

Olivaolaj

Só, bors

FELDOLGOZÁS

A földimogyorót alaposan őröljük meg, amíg péppé nem válik. Egy tálban összekeverjük a lime levével, húslevessel, szójával, mézzel, curryvel, sóval és borssal. A melleket darabokra vágjuk, és egy éjszakán át pácoljuk ebben a keverékben.

Vegyük ki a csirkét és tegyük nyársra. Az előző keveréket a tejszínnel együtt lassú tűzön 10 percig főzzük.

A nyársakat serpenyőben közepes lángon megpirítjuk, és a szósszal a tetejére tálaljuk.

TRÜKK

Csirkecsikkekkel is elkészíthetők. De ahelyett, hogy egy serpenyőben pirítanák őket, süssük meg őket a sütőben, szósszal a tetején.

CSIRKE PEPITORIABAN

ÖSSZETEVŐK

1 ½ kg csirke

250 g hagyma

50 g pirított mandula

25 g sült kenyér

½ l csirkehúsleves

¼ l finom bor

2 gerezd fokhagyma

2 babérlevél

2 kemény tojás

1 evőkanál liszt

14 szál sáfrány

150 g olívaolaj

Só, bors

FELDOLGOZÁS

A csirkemellet feldaraboljuk, fűszerezzük, kockákra vágjuk. Barna és tartalék.

A hagymát és a fokhagymát apróra vágjuk, és ugyanabban az olajban megpirítjuk, amelyben a csirkét készítettük. Hozzáadjuk a lisztet és lassú tűzön 5 percig pirítjuk. Felöntjük a borral, és hagyjuk lehűlni.

Nedvesítsd meg a lével sóig, és főzd még 15 percig. Ezután hozzáadjuk a félretett csirkét a babérlevéllel együtt, és addig főzzük, amíg a csirke megpuhul.

Külön pirítsuk meg a sáfrányt, és adjuk a mozsárhoz a sült kenyérrel, a mandulával és a tojássárgájával együtt. Addig törjük, amíg pépet nem kapunk, és hozzáadjuk a csirkepörkölthöz. Főzzük még 5 percig.

TRÜKK

Nincs jobb kísérő ehhez a recepthez, mint egy jó rizspilaf. Apróra vágott tojásfehérjével és egy kis apróra vágott petrezselyemmel a tetejére kerülhet.

NARANCS CSIRKE

ÖSSZETEVŐK

1 csirke

25 g vaj

1 l csirkehúsleves

1 dl rozé bor

2 evőkanál méz

1 szál kakukkfű

2 sárgarépa

2 narancs

2 póréhagyma

Olivaolaj

Só, bors

FELDOLGOZÁS

Fűszerezzük és olívaolajon nagy lángon pirítsuk meg a feldarabolt csirkét. Távolítsa el és foglalja le.

A sárgarépát és a póréhagymát meghámozzuk és megtisztítjuk, majd julienne csíkokra vágjuk. Ugyanabban az olajban megpirítjuk, ahol a csirke megsült. Felöntjük a borral, és nagy lángon addig főzzük, amíg megpuhul.

Adjuk hozzá a narancslevet, a mézet és a húslevest. 5 percig főzzük, majd ismét hozzáadjuk a csirkedarabokat. Lassú tűzön pároljuk 30 percig. Adjuk hozzá a hideg vajat és ízesítsük sóval, borssal.

TRÜKK

Jó maréknyi diót megdinsztelhetünk, és a főzés végén hozzáadhatjuk a pörkölthöz.

PÁROLT CSIRKE BOLTUSAL

ÖSSZETEVŐK

1 csirke

200 g serrano sonka

200 g vargánya

50 g vaj

600 ml csirkehúsleves

1 pohár fehérbor

1 szál kakukkfű

1 gerezd fokhagyma

1 sárgarépa

1 hagyma

1 paradicsom

Olivaolaj

Só, bors

FELDOLGOZÁS

A csirkemellet felvágjuk, fűszerezzük és vajban és olajon megpirítjuk. Távolítsa el és foglalja le.

Ugyanebben a zsírban megdinszteljük az apróra vágott hagymát, sárgarépát és fokhagymát a felkockázott sonkával együtt. Növeljük a hőt, és adjuk hozzá az apróra vágott vargányát. 2 percig főzzük, hozzáadjuk a reszelt paradicsomot, és addig főzzük, amíg az összes vizet el nem veszti.

Ismét hozzáadjuk a csirkedarabokat, és felöntjük a borral. Csökkentse, amíg a szósz majdnem megszárad. Nedvesítsük meg a húslével, és adjuk hozzá a kakukkfüvet. Főzzük alacsony lángon 25 percig, vagy amíg a csirke megpuhul. Állítsa be a sót.

TRÜKK

Használjon szezonális vagy dehidratált gombát.

PÁROLT CSIRKE DIÓVAL ÉS SZÓJÁVAL

ÖSSZETEVŐK

3 csirkemell

70 g mazsola

30 g mandula

30 g kesudió

30 g dió

30 g mogyoró

1 pohár csirkehúsleves

3 evőkanál szójaszósz

2 gerezd fokhagyma

1 cayenne

1 citrom

Gyömbér

Olivaolaj

Só, bors

FELDOLGOZÁS

A melleket feldaraboljuk, sóval, borssal ízesítjük, majd serpenyőben erős lángon megpirítjuk. Távolítsa el és foglalja le.

Ebben az olajban megdinszteljük a diót a reszelt fokhagymával, egy darab reszelt gyömbérrel, a cayenne-szel és a citromhéjjal együtt.

Adjuk hozzá a mazsolát, a fenntartott melleket és a szóját. Csökkentse 1 percig, és fürdje meg a húslevessel. Főzzük még 6 percig közepes lángon, és ha szükséges, adjunk hozzá sót.

TRÜKK

Gyakorlatilag nem kell sót használni, mivel azt szinte teljes egészében a szója adja.

CSOKIS CSIRKE PIRITOTT ALMEDÁVAL

ÖSSZETEVŐK

1 csirke

60 g reszelt étcsokoládé

1 pohár vörösbor

1 szál kakukkfű

1 szál rozmaring

1 babérlevél

2 sárgarépa

2 gerezd fokhagyma

1 hagyma

Csirkeleves (vagy víz)

Pirított mandula

Extra szűz olívaolaj

Só, bors

FELDOLGOZÁS

Vágjuk fel, fűszerezzük és egy nagyon forró serpenyőben pirítsuk meg a csirkét. Távolítsa el és foglalja le.

Ugyanebben az olajban lassú tűzön megdinszteljük az apróra vágott hagymát, sárgarépát és fokhagymagerezdeket.

Hozzáadjuk a babérlevelet, a kakukkfüvet és a rozmaring ágakat. Felöntjük a borral és a húslevessel, és lassú tűzön 40 percig főzzük. Állítsa be a sót, és vegye ki a csirkét.

Öntse át a szószt egy turmixgépen, és tegye vissza az edénybe. Adjuk hozzá a csirkét és a csokoládét, és keverjük, amíg fel nem oldódik. Főzzük még 5 percig, hogy az ízek összeérjenek.

TRÜKK

A tetejét pirított mandulával fejezzük be. Ha cayenne-t vagy chilit adunk hozzá, fűszeres ízt ad.

BÁRÁNYNYÁRS PAPRISONAL ÉS MUSTÁROS VINAIGRETTÉVEL

ÖSSZETEVŐK

350 g bárány

2 evőkanál ecet

1 szint evőkanál paprika

1 szint evőkanál mustár

1 szint evőkanál cukor

1 tálca koktélparadicsom

1 zöldpaprika

1 piros paprika

1 kis hagyma

1 hagyma

5 evőkanál olívaolaj

Só, bors

FELDOLGOZÁS

A zöldségeket megtisztítjuk és a metélőhagyma kivételével közepes kockákra vágjuk. A bárányt egyforma méretű kockákra vágjuk. Összeállítjuk a nyársakat, felváltva egy darab húst és egy darab zöldséget. Évad. Egy nagyon forró serpenyőben, kevés olajon süsd meg őket mindkét oldalukon 1-2 percig.

A mustárt, a paprikát, a cukrot, az olajat, az ecetet és az apróra vágott metélőhagymát egy tálban külön-külön összedolgozzuk. Sóval ízesítjük és emulgeáljuk.

A frissen készült nyársakat kevés paprikaszósszal tálaljuk.

TRÜKK

A vinaigrette-hez tehetünk 1 evőkanál curryt és egy kis citromhéjat is.

PORTÓVAL TÖLTÖTT MARHAHÚS

ÖSSZETEVŐK

1 kg marhaborda (felnyitva a könyvben, hogy megtöltse)

350 g darált sertéshús

1 kg sárgarépa

1 kg hagyma

100 g fenyőmag

1 kis doboz piquillo paprika

1 doboz fekete olajbogyó

1 csomag szalonna

1 fej fokhagyma

2 babérlevél

Portói bor

Húsleves

Olivaolaj

Só és bors

FELDOLGOZÁS

Sóval és borssal ízesítjük mindkét oldalát. Megtöltjük a sertéshússal, a fenyőmaggal, az apróra vágott paprikával, a negyedekre vágott olajbogyóval és a csíkokra vágott szalonnával. Tekerjük fel és tegyük hálóba vagy kössük meg kantárszállal. Nagyon magas lángon megpirítjuk, kivesszük és félretesszük.

A sárgarépát, a hagymát és a fokhagymát brunoise-ra vágjuk, és ugyanabban az olajban megpirítjuk, amelyben a borjúhúst sütöttük. Helyezze vissza az uszonyt. Felöntjük portóival és húslével, amíg mindent ellep. Adjunk hozzá 8 szem borsot és babérlevelet. Lefedve, lassú tűzön 40 percig főzzük. Fordítsa meg 10 percenként. Ha a hús puha, kivesszük és összeturmixoljuk a szószt.

TRÜKK

A portói bármilyen más borral vagy pezsgővel helyettesíthető.

MADRILEÑA STÍLUSÚ HÚSGODÁK

ÖSSZETEVŐK

1 kg darált marhahús

500 g darált sertéshús

500 g érett paradicsom

150 g hagyma

100 g gomba

1 l húsleves (vagy víz)

2 dl fehérbor

2 evőkanál friss petrezselyem

2 evőkanál zsemlemorzsa

1 evőkanál liszt

3 gerezd fokhagyma

2 sárgarépa

1 babérlevél

1 tojás

Cukor

Olivaolaj

Só, bors

FELDOLGOZÁS

A két húst összekeverjük az apróra vágott petrezselyemmel, 2 gerezd kockára vágott fokhagymával, a zsemlemorzsával, a tojással, sóval, borssal. Golyókat formálunk és egy serpenyőben megpirítjuk. Vegye ki és foglalja le.

Ugyanebben az olajban megdinszteljük a hagymát a másik fokhagymával, hozzáadjuk a lisztet és megdinszteljük. Hozzáadjuk a paradicsomot, és további 5 percig pirítjuk. Felöntjük a borral, és további 10 percig főzzük. Nedvesítse meg a húslével, és főzze tovább további 5 percig. Daráljuk meg és állítsuk be a sót és a cukrot. 10 percig főzzük a húsgombócokat a szószban a babérlevéllel együtt.

A sárgarépát és a gombát külön megtisztítjuk, meghámozzuk és apró kockákra vágjuk. Kevés olajon 2 percig pároljuk, és a húsgombóc raguhoz adjuk.

TRÜKK

A húsgombóc keverék ízletesebbé tételéhez adjunk hozzá 150 g apróra vágott friss ibériai szalonnát. A golyók készítésekor célszerű nem túl sokat nyomkodni, hogy szaftosabbak legyenek.

CSOKOLÁDÉS MARHAPOCS

ÖSSZETEVŐK

8 marhapofa

½ l vörösbor

6 uncia csokoládé

2 gerezd fokhagyma

2 paradicsom

2 póréhagyma

1 rúd zeller

1 sárgarépa

1 hagyma

1 szál rozmaring

1 szál kakukkfű

Liszt

Húsleves (vagy víz)

Olivaolaj

Só, bors

FELDOLGOZÁS

Fűszerezzük és egy nagyon forró edényben barnára sütjük az orcákat. Vegye ki és foglalja le.

A zöldségeket brunoise-ra vágjuk, és ugyanabban az edényben megpirítjuk, ahol a pofákat megpirította.

Amikor a zöldségek megpuhultak, hozzáadjuk a reszelt paradicsomot, és addig főzzük, amíg az összes víz el nem fogy. Hozzáadjuk a bort, az aromás fűszernövényeket, és 5 percig állni hagyjuk. Add hozzá a pofákat és a húslevest, amíg el nem fedi.

Addig főzzük, amíg az orcák nagyon megpuhulnak, ízlés szerint csokoládét adunk hozzá, megkeverjük és sózzuk, borsozzuk.

TRÜKK

A szószt összetörhetjük, vagy az egész zöldségdarabokkal együtt hagyhatjuk.

KUKORDOZOTT DISZNÓTORTA ÉDES BORSZÓZTÁSSAL

ÖSSZETEVŐK

½ apróra vágott szopós malac

1 pohár édes bor

2 szál rozmaring

2 szál kakukkfű

4 gerezd fokhagyma

1 kis sárgarépa

1 kis hagyma

1 paradicsom

Enyhe olívaolaj

durva só

FELDOLGOZÁS

A szopós malacot egy tálcára terítjük, és mindkét oldalát megsózzuk. Adjuk hozzá a zúzott fokhagymát és az aromákat. Fedjük le olajjal és süssük 100°C-on 5 órán keresztül. Ezután hagyjuk kihűlni és kicsontozzuk, eltávolítjuk a húst és a bőrt.

Sütőpapírt tegyünk egy tepsire. Oszd szét a szopós sertéshúst, és helyezd rá a szopós malac bőrét (legalább 2 ujjnyi magasnak kell lennie). Tegyünk egy másik sütőpapírt, és tegyük le a hűtőbe úgy, hogy egy kis súlyt a tetejére helyezzünk.

Közben sötét húslevest készítünk. A csontokat és a zöldségeket közepes kockákra vágjuk. A csontokat 185°C-on 35 percig pirítjuk, az oldalukon beletesszük a zöldségeket, és további 25 percig sütjük. Vegyük ki a sütőből, és öntsük le a borral. Tegyünk mindent egy edénybe, és öntsük fel hideg vízzel. 2 órát főzzük nagyon alacsony lángon. Leszűrjük és visszatesszük a tűzre, amíg kissé besűrűsödik. Zsírtalanítás.

A süteményt szeletekre vágjuk, és a bőrös oldalát forró serpenyőben ropogósra pirítjuk. 3 percig sütjük 180 fokon.

TRÜKK

Ez egy olyan étel, amely inkább fáradságos, mint nehéz, de az eredmény látványos. Az egyetlen trükk, hogy a végén ne romoljon meg, hogy a szószt a hús oldalára tálaljuk, és ne a tetejére.

NYÚL MARCAL

ÖSSZETEVŐK

1 nyúl apróra vágva

80 g mandula

1 l csirkehúsleves

400 ml törköly

200 ml tejszín

1 szál rozmaring

1 szál kakukkfű

2 hagyma

2 gerezd fokhagyma

1 sárgarépa

10 szál sáfrány

Só, bors

FELDOLGOZÁS

Vágjuk fel, fűszerezzük és pirítsuk meg a nyulat. Távolítsa el és foglalja le.

Ugyanebben az olajban megdinszteljük a sárgarépát, a hagymát és az apróra vágott fokhagymát. Adjuk hozzá a sáfrányt és a mandulát, és főzzük 1 percig.

Növelje a hőt és fürödjön meg a törkölyvel. flambírozni Ismét hozzáadjuk a nyulat, és felöntjük a húslével. Adjuk hozzá a kakukkfüvet és a rozmaring ágakat.

Körülbelül 30 percig pároljuk, amíg a nyúl megpuhul, majd hozzáadjuk a tejszínt. Főzzük még 5 percig, és állítsuk be a sót.

TRÜKK

A lángolás az alkohol égetése egy szeszes italban. Ennek során ügyeljen arra, hogy a páraelszívó ki legyen kapcsolva.

HÚSGODÁK PEPITORIA MOGYORÓSZÓSZBAN

ÖSSZETEVŐK

750 g darált marhahús

750 g darált sertéshús

250 g hagyma

60 g mogyoró

25 g sült kenyér

½ l csirkehúsleves

¼ l fehérbor

10 szál sáfrány

2 evőkanál friss petrezselyem

2 evőkanál zsemlemorzsa

4 gerezd fokhagyma

2 kemény tojás

1 friss tojás

2 babérlevél

150 g olívaolaj

Só, bors

FELDOLGOZÁS

Egy tálban összekeverjük a húsokat, az apróra vágott petrezselymet, a kockára vágott fokhagymát, a zsemlemorzsát, a tojást, a sót és a borsot. Lisztezzük meg és pirítsuk meg egy serpenyőben közepes-magas lángon. Távolítsa el és foglalja le.

Ugyanebben az olajban lassú tűzön megdinszteljük a hagymát és a másik 2 gerezd fokhagymát apró kockákra vágva. Felöntjük a borral, és hagyjuk lehűlni. Nedvesítsük meg a húslével és főzzük 15 percig. Adjuk hozzá a húsgombócokat a szószhoz a babérlevéllel együtt, és főzzük még 15 percig.

A sáfrányt külön-külön megpirítjuk és mozsárban a sült kenyérrel, mogyoróval és tojássárgájával együtt pépesítjük, amíg homogén masszát nem kapunk. Hozzáadjuk a pörkölthöz, és további 5 percig főzzük.

TRÜKK

A tetejére aprított tojásfehérjét és kevés petrezselyemmel tálaljuk.

MARHA SHALOPINES FEKETE SÖRRE

ÖSSZETEVŐK

4 marha steak

125 g shiitake gomba

1/3 l fekete sör

1 dl húsleves

1 dl tejszín

1 sárgarépa

1 metélőhagyma

1 paradicsom

1 szál kakukkfű

1 szál rozmaring

Liszt

Olivaolaj

Só, bors

FELDOLGOZÁS

Fűszerezzük és lisztezzük a filét. Egy serpenyőben kevés olajon enyhén megpirítjuk őket. Vegye ki és foglalja le.

A felkockázott hagymát és a sárgarépát ugyanabban az olajban megdinszteljük. Amikor megpuhultak, hozzáadjuk a reszelt paradicsomot, és addig főzzük, amíg a szósz majdnem megszárad.

Felöntjük a sörrel, közepes lángon 5 percig hagyjuk elpárologni az alkoholt, majd hozzáadjuk a húslevest, a fűszernövényeket és a filét. Főzzük 15 percig, vagy amíg megpuhul.

A filézett gombát külön-külön nagy lángon megdinszteljük, és a pörkölthöz adjuk. Állítsa be a sót.

TRÜKK

A filéket nem szabad túlfőzni, különben nagyon kemény lesz.

MADRILEÑA-STYLE TRIPES

ÖSSZETEVŐK

1 kg tiszta pacal

2 disznó ügető

25 g liszt

1 dl ecet

2 evőkanál paprika

2 babérlevél

2 hagyma (ebből 1 db lándzsás)

1 fej fokhagyma

1 chili

2 dl olívaolaj

20 g sót

FELDOLGOZÁS

A pacalt és a sertésügetőt blansírozzuk egy edényben hideg vízzel. 5 percig főzzük, ha már forrni kezdett.

Lecsepegtetjük és tiszta vízzel pótoljuk. Hozzáadjuk az apróra vágott hagymát, a chilit, a fokhagymafejet és a babérlevelet. Adjunk hozzá még vizet, ha szükséges, hogy jól ellepje, és lassú tűzön, lefedve főzzük 4 órán át, amíg az ügető és a pacal megpuhul.

Ha kész a pacal, kivesszük az apróra vágott hagymát, a babérlevelet és a chilit. Az ügetőket is kivesszük, kicsontozzuk, és a pacal méretéhez hasonló darabokra vágjuk. Tedd vissza a serpenyőbe.

Külön megdinszteljük a brunoise-ra vágott másik hagymát, hozzáadjuk a paprikát és 1 evőkanál lisztet. Ha kész, adjuk a pörkölthöz. 5 percig főzzük, a sót és ha szükséges, a vastagságot is beállítjuk.

TRÜKK

Ez a recept még ízesebbé válik, ha egy-két nappal korábban elkészítjük. Hozzáadhat néhány főtt csicseriborsót is, és első osztályú hüvelyes ételt kaphat.

SÜLT SZERTÉS KARAJTA ALMÁVAL ÉS MENTÁVAL

ÖSSZETEVŐK

800 g friss sertés karaj

500 g alma

60 g cukor

1 pohár fehérbor

1 pohár brandy

10 mentalevél

1 babérlevél

1 nagy hagyma

1 sárgarépa

Olivaolaj

Só, bors

FELDOLGOZÁS

Sózzuk, borsozzuk a karajt, majd nagy lángon pirítsuk meg. Távolítsa el és foglalja le.

Az olajon megdinszteljük a megtisztított és apróra vágott hagymát és sárgarépát. Az almát meghámozzuk és kimagozzuk.

Tegyük át mindent egy tepsibe, fürdessük meg az alkoholokkal és adjuk hozzá a babérlevelet. 185 fokon 90 percig sütjük.

Vegyük ki az almát és a zöldségeket, és törjük össze a cukorral és a mentával. A karajt és a szószt kifilézzük a sütőlével, és az almabefőtt mellé.

TRÜKK

Sütés közben öntsünk egy kevés vizet a tepsibe, nehogy kiszáradjon a karaj.

CSIRKE HÚSGOLYÓK MÁLNASZÓZTÁSSAL

ÖSSZETEVŐK

A húsgombócokhoz

1 kg darált csirkehús

1 dl tej

2 evőkanál zsemlemorzsa

2 tojás

1 gerezd fokhagyma

Sherry bor

Liszt

Vágott petrezselyem

Olivaolaj

Só, bors

A málnaszószhoz

200 g málnalekvár

½ l baromfileves

1 ½ dl fehérbor

½ dl szójaszósz

1 paradicsom

2 sárgarépa

1 gerezd fokhagyma

1 hagyma

Só

FELDOLGOZÁS

A húsgombócokhoz

A húst összekeverjük a zsemlemorzsával, a tejjel, a tojással, az apróra vágott fokhagymagerezddel, a petrezselyemmel és a borral. Sózzuk, borsozzuk, és 15 percig pihentetjük.

A masszából golyókat formálunk és liszttel megkenjük. Olajban megpirítjuk, ügyelve arra, hogy belül kicsit nyersek legyenek. Tartsa le az olajat.

Az édes-savanyú málnaszószhoz

Hámozzuk meg és vágjuk apró kockákra a hagymát, a fokhagymát és a sárgarépát. Ugyanabban az olajban megpirítjuk, ahol a húsgombócok megpirultak. Ízesítsük egy csipet sóval. Adjuk hozzá az apróra vágott paradicsomot héj és mag nélkül, és pároljuk, amíg a víz elpárolog.

Felöntjük a borral, és felére főzzük. Adjuk hozzá a szójaszószt és a húslevest, és főzzük további 20 percig, amíg a szósz besűrűsödik. Hozzáadjuk a lekvárt és a fasírtot, és az egészet együtt főzzük további 10 percig.

TRÜKK

A málnalekvár helyettesíthető bármilyen más piros gyümölccsel, sőt lekvárral is.

BÁRÁNYPÖRKÖLT

ÖSSZETEVŐK

1 báránycomb

1 nagy pohár vörösbor

½ pohár zúzott paradicsom (vagy 2 reszelt paradicsom)

1 evőkanál édes paprika

2 nagy burgonya

1 zöldpaprika

1 piros paprika

1 hagyma

Húsleves (vagy víz)

Olivaolaj

Só, bors

FELDOLGOZÁS

Vágjuk fel, fűszerezzük és egy nagyon forró lábosban pirítsuk meg a lábast. Vegye ki és foglalja le.

Ugyanebben az olajban megdinszteljük a kockára vágott paprikát és a hagymát. Amikor a zöldségek jól megpirultak, hozzáadjuk az evőkanál paprikát és a paradicsomot. Folytassa a főzést magas lángon, amíg a paradicsom el nem veszíti a vizet. Ezután ismét hozzáadjuk a bárányt.

Felöntjük a borral, és hagyjuk lehűlni. Felöntjük a húslével.

Adjuk hozzá a cachelada burgonyát (nem vágva), amikor a bárány puha, és főzzük, amíg a burgonya kész. Sózzuk és borsozzuk.

TRÜKK

A még finomabb szószhoz külön-külön piríts 4 piquillo paprikát és 1 gerezd fokhagymát. Kevés húslevessel turmixoljuk össze a pörköltből, és adjuk a pörkölthöz.

HARE CIVET

ÖSSZETEVŐK

1 nyúl

250 g gomba

250 g sárgarépa

250 g hagyma

100 g szalonna

¼ l vörösbor

3 evőkanál paradicsomszósz

2 gerezd fokhagyma

2 szál kakukkfű

2 babérlevél

Húsleves (vagy víz)

Olivaolaj

Só, bors

FELDOLGOZÁS

A nyulat felvágjuk és 24 órán át pácoljuk apróra vágott sárgarépában, fokhagymában, hagymában, borban, 1 szál kakukkfűben és 1 babérlevélben. Ha letelt az idő, szűrjük le, és tartsuk le az egyik oldalon a bort, a másikon a zöldségeket.

Sózzuk, borsozzuk a mezei nyulat, erős lángon pirítsuk meg és vegyük ki. Közepes-alacsony lángon, ugyanabban az olajban megpirítjuk a zöldségeket.

Öntsük fel a paradicsomszószt és pároljuk 3 percig. Tedd vissza a nyulat. Fürdjük a borban és a húslevesben, amíg a húst el nem fedi. Adjuk hozzá a kakukkfű másik ágát és a másik babérlevelet. Addig főzzük, amíg a nyúl megpuhul.

Közben a csíkokra vágott szalonnát és a negyedekre vágott gombát megdinszteljük, és a pörkölthöz adjuk. Külön mozsárban törjük össze a nyúlmájat, és adjuk hozzá azt is. Főzzük még 10 percig, majd sózzuk, borsozzuk.

TRÜKK

Ez az étel bármilyen vadállattal elkészíthető, és még egy nappal korábban elkészítve finomabb lesz.

NYÚL PIPERRADE-DAL

ÖSSZETEVŐK

1 nyúl

2 nagy paradicsom

2 hagyma

1 zöldpaprika

1 gerezd fokhagyma

Cukor

Olivaolaj

Só, bors

FELDOLGOZÁS

A nyulat feldaraboljuk, fűszerezzük és egy forró edényben megpirítjuk. Távolítsa el és foglalja le.

A hagymát, a borsot és a fokhagymát apróra vágjuk, és lassú tűzön 15 percig pirítjuk ugyanabban az olajban, amelyben a nyulat készítettük.

Hozzáadjuk a brunoise-ra vágott paradicsomot, és közepes lángon addig pároljuk, amíg az összes vizet elveszíti. Szükség esetén módosítsa a sót és a cukrot.

Hozzáadjuk a nyulat, csökkentjük a hőt, és lefedve 15-20 percig főzzük, időnként megkeverve.

TRÜKK

A piperradához adhatunk cukkinit vagy padlizsánt.

SAJTTAL TÖLTÖTT CSIRKE HÚSGODÁK CURRY SZÓZSSZAL

ÖSSZETEVŐK

500 g darált csirke

150 g sajt kockákra vágva

100 g zsemlemorzsa

200 ml tejszín

1 pohár csirkehúsleves

2 evőkanál curry

½ evőkanál zsemlemorzsa

30 mazsola

1 zöldpaprika

1 sárgarépa

1 hagyma

1 tojás

1 citrom

Tej

Liszt

Olivaolaj

Só

FELDOLGOZÁS

Fűszerezzük a csirkét, és keverjük össze a zsemlemorzsával, a tojással, 1 evőkanál curryvel és a tejbe áztatott zsemlemorzsával. Golyókat formálunk, megtöltjük egy kocka sajttal és beleforgatjuk a lisztbe. Megsütjük és félretesszük.

Ugyanabban az olajban megpirítjuk az apróra vágott hagymát, borsot és sárgarépát. Adjuk hozzá a citrom héját, és főzzük néhány percig. Adjuk hozzá a másik evőkanál curryt, a mazsolát és a csirkelevest. Amikor forrni kezd, adjuk hozzá a tejszínt, és főzzük 20 percig. Állítsa be a sót.

TRÜKK

Ideális kísérő ezekhez a húsgombócokhoz néhány negyedekre vágott gomba, pár gerezd fokhagymával megdinsztelve apróra vágva, és egy jó kis portói vagy Pedro Ximénez borral meglocsolva.

SERTÉSPOCS VÖRÖSBORBAN

ÖSSZETEVŐK

12 sertéspofa

½ l vörösbor

2 gerezd fokhagyma

2 póréhagyma

1 piros paprika

1 sárgarépa

1 hagyma

Liszt

Húsleves (vagy víz)

Olivaolaj

Só, bors

FELDOLGOZÁS

Fűszerezzük és egy nagyon forró edényben barnára sütjük az orcákat. Vegye ki és foglalja le.

Vágjuk fel a zöldségeket bronoise-ra, és pirítsuk meg ugyanabban az olajban, amelyben a sertéshúst sütöttük. Amikor jól megpuhultak, adjuk hozzá a bort, és hagyjuk 5 percig dermedni. Add hozzá a pofákat és a húslevest, amíg el nem fedi.

Addig főzzük, amíg az orcák nagyon megpuhulnak, és turmixoljuk össze a szószt, ha azt szeretnénk, hogy ne maradjanak benne zöldségdarabok.

TRÜKK

A sertéspofa elkészítése sokkal kevesebb időt vesz igénybe, mint a marhapofa. Más íz érhető el, ha egy uncia csokoládét adunk a szószhoz a végén.

COCHIFRITO A LA NAVARRE

ÖSSZETEVŐK

2 apróra vágott báránycomb

50 g disznózsír

1 teáskanál paprika

1 evőkanál ecet

2 gerezd fokhagyma

1 hagyma

Olivaolaj

Só, bors

FELDOLGOZÁS

A báránycombokat darabokra vágjuk. Fűszerezzük, és nagy lángon megpirítjuk egy lábosban. Vegye ki és foglalja le.

Az apróra vágott hagymát és fokhagymát ugyanabban az olajban 8 percig, lassú tűzön megdinszteljük. Adjuk hozzá a paprikát, és pirítsuk még 5 másodpercig. Adjuk hozzá a bárányhúst és öntsük fel vízzel.

Addig főzzük, amíg a szósz meg nem puhul, és a hús megpuhul. Nedvesítsd meg ecettel és forrald fel.

TRÜKK

A kezdeti barnulás elengedhetetlen, mert megakadályozza a lé kifolyását. Ezen kívül ropogós tapintást biztosít, és fokozza az ízeket.

MARHAPÁROLT MOGYÓÓSZTÁSSAL

ÖSSZETEVŐK

750 g véres kolbászhús

250 g földimogyoró

2 l húsleves

1 pohár tejszín

½ pohár brandy

2 evőkanál paradicsomszósz

1 szál kakukkfű

1 szál rozmaring

4 burgonya

2 sárgarépa

1 hagyma

1 gerezd fokhagyma

Olivaolaj

Só, bors

FELDOLGOZÁS

A véres kolbászt feldaraboljuk, fűszerezzük és nagy lángon megpirítjuk. Vegye ki és foglalja le.

Az apró kockákra vágott hagymát, fokhagymát és sárgarépát ugyanabban az olajban lassú tűzön megdinszteljük. Növeljük a hőt és adjuk hozzá a paradicsomszószt. Hagyja lehűlni, amíg el nem veszíti az összes vizet. Öntsük hozzá a pálinkát, és hagyjuk elpárologni az alkoholt. Újra hozzáadjuk a húst.

A földimogyorót a húslevessel jól összemorzsoljuk, és az aromás fűszernövényekkel együtt a rakotthoz adjuk. Lassú tűzön addig főzzük, amíg a hús majdnem megpuhul.

Ezután hozzáadjuk a szabályos kockákra vágott, meghámozott burgonyát és a tejszínt. 10 percig főzzük, majd sóval, borssal ízesítjük. Tálalás előtt 15 percig pihentetjük.

TRÜKK

Ehhez a húsételhez rizspilaf is társulhat (lásd a Rizs és tészta részt).

SERTÉSSERTÉS

ÖSSZETEVŐK

1 szopós malac

2 evőkanál disznózsír

Só

FELDOLGOZÁS

A füleket és a farkat takarjuk le alufóliával, hogy ne égjenek meg.

Helyezzen 2 fakanalat egy tepsire, és helyezze a szopós malacot képpel felfelé, nehogy hozzáérjen az edény aljához. Adjunk hozzá 2 evőkanál vizet és süssük 180 fokon 2 órán keresztül.

Oldjuk fel a sót 4 dl vízben, és 10 percenként fessük be a szopós malac belsejét. Egy óra múlva fordítsa meg, és folytassa a festést vízzel és sóval, amíg az idő le nem telik.

Olvasszuk fel a vajat és fessük be a bőrt. Melegítsük elő a sütőt 200 fokra, és süssük további 30 percig, vagy amíg a bőr aranybarna és ropogós nem lesz.

TRÜKK

Ne szórja a levet a bőr tetejére; Ez elveszítené a roppantságát. A szószt a tányér aljára tálaljuk.

SÜLT KÁPOSZTOS Knick

ÖSSZETEVŐK

4 csülök

½ káposzta

3 gerezd fokhagyma

Olivaolaj

Só, bors

FELDOLGOZÁS

Felöntjük a csülköket forrásban lévő vízzel, és 2 órán át főzzük, amíg teljesen megpuhulnak.

Kivesszük a vízből, és 220 fokos olajon aranybarnára sütjük. Évad.

A káposztát vékony csíkokra vágjuk. Bő forrásban lévő vízben 15 percig főzzük. Csatorna.

Közben kevés olajon megpirítjuk a felszeletelt fokhagymát, hozzáadjuk a káposztát és megdinszteljük. Fűszerezzük és a sült csülkökkel tálaljuk.

TRÜKK

A csülök nagyon forró serpenyőben is elkészíthetők. Minden oldalukon jól megpirítjuk őket.

NYÚLI KAKCIÁTOR

ÖSSZETEVŐK

1 nyúl

300 g gomba

2 pohár csirkehúsleves

1 pohár fehérbor

1 szál friss kakukkfű

1 babérlevél

2 gerezd fokhagyma

1 hagyma

1 paradicsom

Olivaolaj

Só, bors

FELDOLGOZÁS

A nyulat feldaraboljuk, fűszerezzük és nagy lángon megpirítjuk. Vegye ki és foglalja le.

Az apróra vágott hagymát és fokhagymát ugyanabban az olajban, lassú tűzön 5 percig pároljuk. Növeljük a hőt és adjuk hozzá a reszelt paradicsomot. Addig főzzük, amíg víz nem marad.

Ismét hozzáadjuk a nyulat, és megfürdetjük a borral. Hagyjuk lehűlni, és a szósz majdnem megszárad. Nedvesítsd meg a húslével, és főzd a fűszernövényekkel együtt 25 percig, vagy amíg a hús megpuhul.

Közben a megtisztított és felszeletelt gombát forró serpenyőben 2 percig pároljuk. Sóval ízesítjük, és a pörkölthöz adjuk. Főzzük még 2 percig, és ha szükséges, adjunk hozzá sót.

TRÜKK

Ugyanezt a receptet elkészítheti csirkehússal vagy pulykahússal is.

BORJUHÚS ESCALOPE MADRILEÑA STÍLUS

ÖSSZETEVŐK

4 marha steak

1 evőkanál friss petrezselyem

2 gerezd fokhagyma

Liszt, tojás és zsemlemorzsa (a bevonáshoz)

Olivaolaj

Só, bors

FELDOLGOZÁS

A petrezselymet és a fokhagymát apróra vágjuk. Egy tálban összedolgozzuk, és hozzáadjuk a zsemlemorzsát. Távolítsa el.

A filéket sózzuk, borsozzuk, liszttel, felvert tojással és a fokhagymás, petrezselymes zsemlemorzsa keverékkel megkenjük.

Kézzel nyomkodjuk meg, hogy a panír jól tapadjon, és bő, nagyon forró olajban süssük 15 másodpercig.

TRÜKK

A filéket kalapáccsal törjük össze, hogy a rostok letörjenek, és a hús puhább legyen.

PÁROLT NYÚL GOMBÁVAL

ÖSSZETEVŐK

1 nyúl

250 g szezonális gomba

50 g disznózsír

200 g szalonna

45 g mandula

600 ml csirkehúsleves

1 pohár sherry bor

1 sárgarépa

1 paradicsom

1 hagyma

1 gerezd fokhagyma

1 szál kakukkfű

Só, bors

FELDOLGOZÁS

A nyulat feldaraboljuk és fűszerezzük. A vajban nagy lángon megpirítjuk a karikákra vágott szalonnával együtt. Vegye ki és foglalja le.

Ugyanebben a zsírban megdinszteljük az apróra vágott hagymát, sárgarépát és fokhagymát. Adjuk hozzá az apróra vágott gombát és főzzük 2 percig. Hozzáadjuk a reszelt paradicsomot, és addig főzzük, amíg el nem fogy.

Ismét hozzáadjuk a nyulat és a szalonnát, majd felöntjük a borral. Hagyjuk lehűlni, és a szósz majdnem megszárad. Nedvesítsük meg a húslével, és adjuk hozzá a kakukkfüvet. Lassú tűzön főzzük 25 percig, vagy amíg a nyúl megpuhul. A tetejére szórjuk a mandulát, és hozzáadjuk a sót.

TRÜKK

Használhat szárított shiitake gombát. Rengeteg ízt és aromát biztosítanak.

IBÉRIAI SERTÉSTARJA FEHÉRBORRAL ÉS MÉZES

ÖSSZETEVŐK

1 ibériai sertésborda

1 pohár fehérbor

2 evőkanál méz

1 evőkanál édes paprika

1 evőkanál apróra vágott rozmaring

1 evőkanál apróra vágott kakukkfű

1 gerezd fokhagyma

Olivaolaj

Só, bors

FELDOLGOZÁS

Tedd egy tálba a fűszereket, a reszelt fokhagymát, a mézet és a sót. Adjunk hozzá ½ kis pohár olajat és keverjük össze. Ezzel a keverékkel megkenjük a bordákat.

200°C-on 30 percig sütjük a hússal lefelé. Megfordítjuk, meglocsoljuk a borral, és további 30 percig sütjük, vagy amíg a bordák aranybarnák és puha nem lesznek.

TRÜKK

Hogy az ízek jobban belekerüljenek a bordákba, érdemes a húst előző nap bepácolni.

MERINGÁLT TEJ

ÖSSZETEVŐK

175 g cukor

1 l tej

1 citrom héja

1 fahéjrúd

3 vagy 4 tojásfehérje

Őrölt fahéj

FELDOLGOZÁS

A tejet a fahéjrúddal és a citromhéjjal kis lángon addig melegítjük, amíg el nem kezd forrni. Azonnal hozzáadjuk a cukrot, és további 5 percig főzzük. Foglaljuk le és tegyük hűtőbe hűlni.

Ha kihűlt, a tojásfehérjét kemény habbá verjük, majd burkoló mozdulatokkal hozzáöntjük a tejet. Fahéjporral tálaljuk.

TRÜKK

Ahhoz, hogy verhetetlen slushie-t kapjon, tartsa a fagyasztóban, és óránként kaparja meg villával, amíg teljesen meg nem fagy.

MACSKANYELVEK

ÖSSZETEVŐK

350 g laza liszt

250 g krémes vaj

250 g porcukor

5 tojás fehérje

1 tojás

Vanília

Só

FELDOLGOZÁS

Adjuk hozzá a vajat, a porcukrot, egy csipet sót és egy kevés vaníliaesszenciát egy tálba. Jól felverjük és hozzáadjuk a tojást. Folytassuk a verést, és egyenként adjuk hozzá a tojásfehérjét anélkül, hogy megállítanunk verést. Egyszerre adjuk hozzá a lisztet anélkül, hogy sokat kevernénk.

A krémet sima fúvókával ellátott zsákba foglaljuk, és kb. 10 cm-es csíkokat készítünk belőle. A tányért ütögessük az asztalhoz, hogy a tészta szétterüljön, és 200°C-on süssük aranybarnára.

TRÜKK

Adjunk hozzá 1 evőkanál kókuszport a tésztához, hogy különböző macskanyelveket készítsünk.

NARANCS CUPCAKÁK

ÖSSZETEVŐK

220 g liszt

200 g cukor

4 tojás

1 kis narancs

1 a kémiai élesztőről

Őrölt fahéj

220 g napraforgóolaj

FELDOLGOZÁS

A tojásokat összekeverjük a cukorral, a fahéjjal és a narancs héjával és levével.

Adjuk hozzá az olajat és keverjük össze. Adjuk hozzá az átszitált lisztet és az élesztőt. A keveréket 15 percig pihentetjük, majd muffinformákba öntjük.

A sütőt 200 fokra előmelegítjük, és 15 perc alatt készre sütjük.

TRÜKK

A tésztához csokoládégyöngyöt tehetünk.

SÜLT ALMA PORTÓVAL

ÖSSZETEVŐK

80 g vaj (4 darabban)

8 evőkanál portói

4 evőkanál cukor

4 pippi alma

FELDOLGOZÁS

Az almákat kimagozzuk. Töltsük meg cukorral, és tegyünk a tetejére vajat.

30 percig sütjük 175 fokon. Ennyi idő után szórjunk meg minden almát 2 evőkanál portékával, és süssük további 15 percig.

TRÜKK

Melegen tálaljuk egy gombóc vanília fagylalttal és szósszal a kiengedett levével.

FŐTT HABÁCS

ÖSSZETEVŐK

400 g kristálycukor

100 g porcukor

¼ l tojásfehérje

Citromlé cseppek

FELDOLGOZÁS

A tojásfehérjéket a citromlével és a cukorral habbá verjük jó habbá. Levesszük a tűzről, és tovább verjük (ahogy csökken a hőmérséklet, sűrűbbé válik a habcsók).

Hozzáadjuk a porcukrot, és addig verjük, amíg a habcsók teljesen ki nem hűl.

TRÜKK

Sütemények bevonására, dekorációk készítésére használható. Ne lépje túl a 60 fokot, hogy a tojásfehérje ne aludjon meg.

TEJSODÓ

ÖSSZETEVŐK

170 g cukor

1 l tej

1 evőkanál kukoricakeményítő

8 tojássárgája

1 citrom héja

Fahéj

FELDOLGOZÁS

A tejet a citromhéjjal és a cukor felével felforraljuk. Amint felforrt, fedjük le, és hagyjuk pihenni a tűzről.

A sárgáját külön-külön egy tálban habosra verjük a többi cukorral és a kukoricakeményítővel. Adjuk hozzá a felforralt tej negyedét, és keverjük tovább.

Adjuk hozzá a sárgás keveréket a többi tejhez, és keverés nélkül főzzük.

Az első forralásnál habverővel verjük 15 másodpercig. Vegyük le a tűzről és verjük tovább további 30 másodpercig. Szűrjük le és hagyjuk hidegen pihenni. Megszórjuk fahéjjal.

TRÜKK

Az ízesített puding elkészítéséhez – csokoládé, tört keksz, kávé, kókuszreszelék stb. – csak a tűzről és forrón kell beledolgozni a kívánt ízt.

VIOLET CANDY PANNA COTTA

ÖSSZETEVŐK

150 g cukor

100 g lila cukorka

½ l tejszín

½ l tej

9 zselatin lap

FELDOLGOZÁS

A zselatinleveleket hideg vízzel hidratáljuk.

A tejszínt, a tejet, a cukrot és a karamellt egy serpenyőben felforrósítjuk.

A tűzről levéve hozzáadjuk a zselatint, és addig keverjük, amíg teljesen fel nem oldódik.

Formákba öntjük, és legalább 5 órára hűtőbe tesszük.

TRÜKK

Változtathatja ezt a receptet kávécukorkák, karamellás stb.

CITRUS SÜTI

ÖSSZETEVŐK

220 g pomádévaj

170 g liszt

55 g porcukor

35 g kukoricakeményítő

5 g narancshéj

5 g citromhéj

2 evőkanál narancslé

1 evőkanál citromlé

1 tojás fehérje

Vanília

FELDOLGOZÁS

Nagyon lassan keverjük össze a vajat, a tojásfehérjét, a narancslevet, a citromlevet, a citrushéjat és egy csipetnyi vaníliaesszenciát. Keverjük össze és adjuk hozzá az átszitált lisztet és a kukoricakeményítőt.

A tésztát göndör fúvókával ellátott csőzsákba tesszük, és sütőpapírra 7 cm-es karikákat rajzolunk. 15 percig sütjük 175 fokon.

Porcukorral szórjuk meg a sütiket.

www.ingramcontent.com/pod-product-compliance
Lightning Source LLC
Chambersburg PA
CBHW070405120526
44590CB00014B/1271